HERAUSGEGEBEN VON DER
FREUNDSCHAFTSGESELLSCHAFT
WESTBERLIN - KUBA e.V.

rius

abCHE

SCHLICHT
UND
ERGREIFEND
DIE
BIOGRAFIE
EINES
REVOLUTIONÄRS
UNSERER
ZEIT

★

ELEFANTEN PRESS
EP 63

Bearbeitung: Rainer Hachfeld
Übersetzung aus dem Spanischen: Wolfgang Arns, Andreas Hamann
Lektorat: Tom Fecht / Jürgen Holtfreter

1. Auflage (1.-6. Tausend), 1982
ISBN 3-88520-063-3

CIP-Kurztitelaufnahme der Deutschen Bibliothek

Rius:
A-B-Che / Rius. Hrsg. von d. Freundschaftsges. Westberlin – Kuba e.V. – Berlin-West: Elefanten-Press-Verlag, 1982.

(EP 63: Elefanten-Press-Comic)
ISBN 3-88520-063-3

NE: GT

WIR BEGINNEN MIT DEM ÜBLICHEN ANFANG VON ALLEM: DER GEBURT...
AM 14. JUNI 1928 (STERNBILD ZWILLINGE) KOMMT IN ROSARIO, ARGENTINIEN, EIN FRÜHREIFES KIND ZUR WELT:
ERNESTO GUEVARA DE LA SERNA
SEINE ELTERN, ERNESTO GUEVARA LYNCH UND CELIA DE LA SERNA, STAMMTEN VON ARISTOKRATISCHEN FAMILIEN UND VON SOLDATEN DER UNABHÄNGIGKEITSKRIEGE AB – WAREN ALSO BOURGEOIS

ABER KEINE VON DER ÜBLICHEN ART, SONDERN ...
ETWAS SELTSAME, NICHT?
SELTSAM AN DEN ELTERN DES KLEINEN ERNESTO (DEN SIE "Teté" NANNTEN) WAR IHR ATHEISMUS, IHR LINKSLIBERALISMUS (OHNE -HORROR!- BIS ZUM KOMMUNISMUS ZU REICHEN) UND IHR GESCHICK BEIM GELDVERDIENEN...
UNTEN - FREUNDLICHERWEISE VOM AUTOR ZUR VERFÜGUNG GESTELLT - EINE KARTE VON ARGENTINIEN

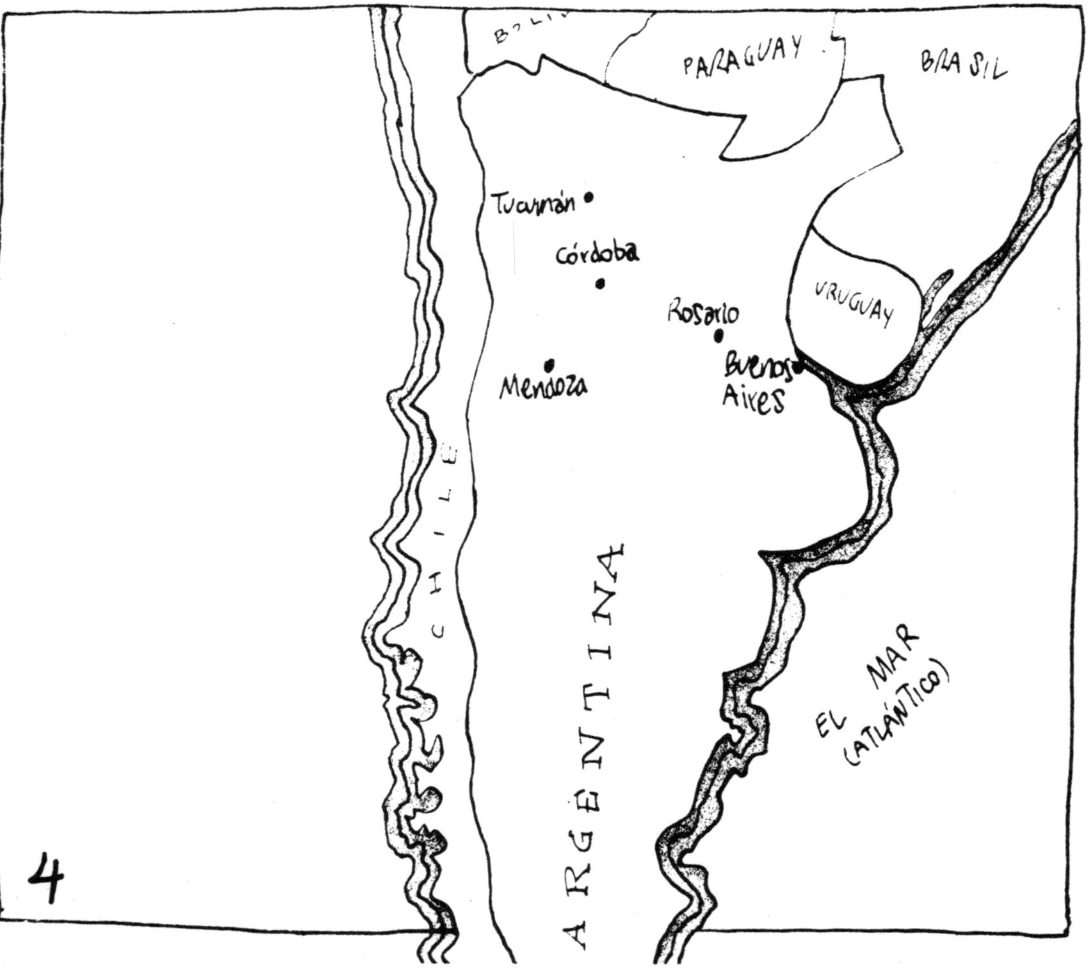
PARAGUAY
BRASIL
Tucumán
Córdoba
Rosario
Buenos Aires
Mendoza
URUGUAY
CHILE
ARGENTINA
EL MAR (ATLÁNTICO)

UND LOS GEHT'S MIT BLUMEN, LOB UND HUDEL FÜR ERNESTO !!
ABER IN GRENZEN, SCHLIESSLICH IST DAS HIER EIN SERIÖSES BUCH...
MIT 2 JAHREN ERKRANKT ER AN ASTHMA, WESWEGEN SEINE FAMILIE NACH CORDOBA ZIEHT. SEIN VATER VERSUCHT IHN ZU HEILEN, INDEM ER IHM ALLE MÖGLICHEN SPORTARTEN BEIBRINGT:
FUSSBALL, BASEBALL, SCHWIMMEN, RUGBY, WANDERN..

WAS DEM SCHON JUGENDLICHEN ERNESTO AM MEISTEN GEFÄLLT, IST DAS LEBEN IM FREIEN. UND SO HAT ER MIT 17 JAHREN HALB ARGENTINIEN MIT EINEM FAHRRAD BEREIST, IN DAS ER EINEN MOTOR GEBAUT HATTE (s. FOTO)

NACH SEINER RÜCKKEHR LERNT ER AUTOFAHREN UND FLUGZEUGFLIEGEN, OBWOHL ER WEDER DAS EINE NOCH DAS ANDERE HAT...

ALS EIN EHEPAAR UNSERER ZEIT VERKRACHEN UND TRENNEN SICH DIE GUEVARAS 1950. DIE KINDER BLEIBEN BEI DER MUTTER, DER JUNGE ERNESTO MUSS ARBEITEN UM IHR ZU HELFEN UND SEIN STUDIUM ZU FINANZIEREN

Che, seine Geschwister Celia, Roberto und Juan, sein Vater und seine Schwester Ana Maria während der Ferien in Mar del Plata, 1945

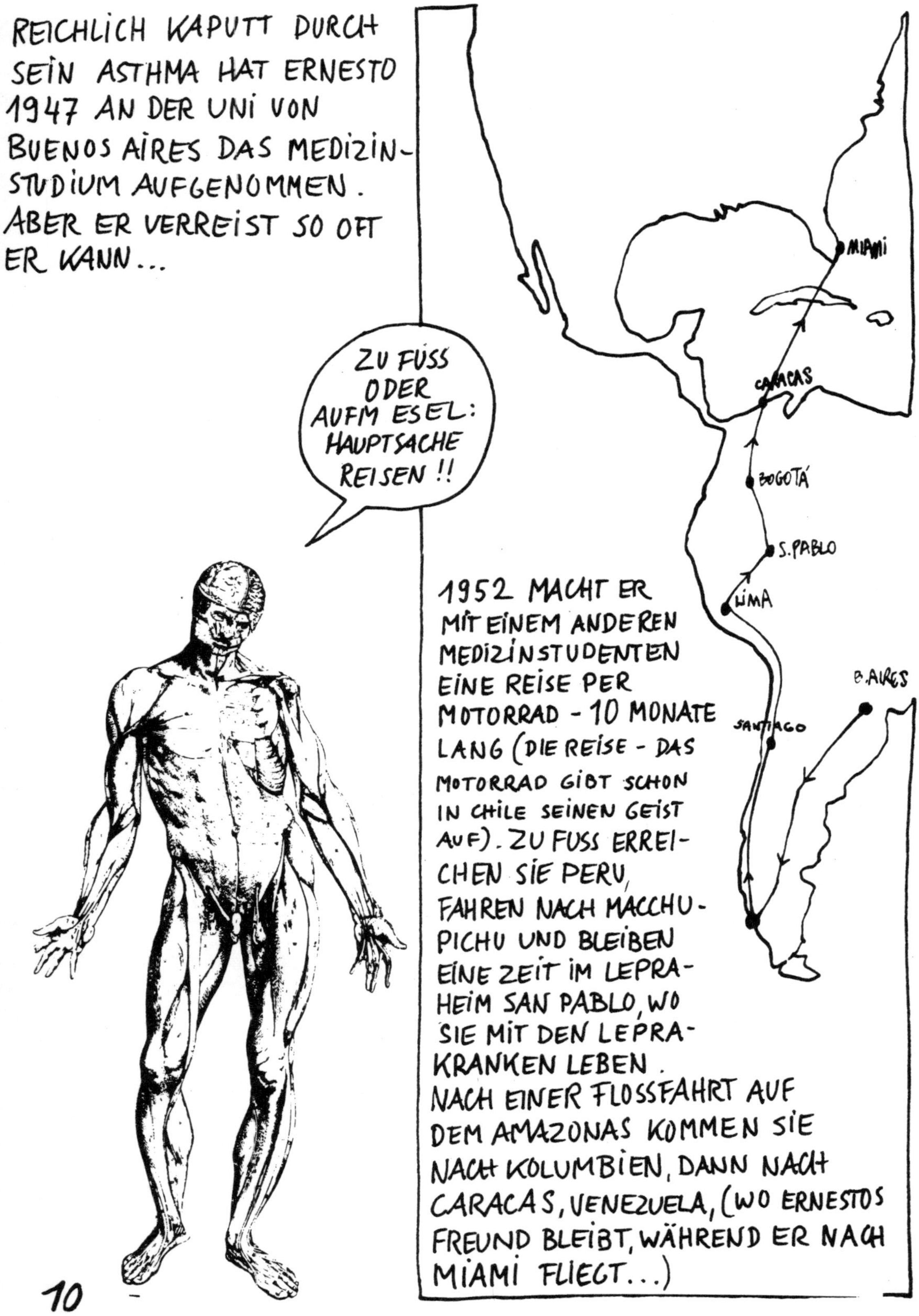
REICHLICH KAPUTT DURCH SEIN ASTHMA HAT ERNESTO 1947 AN DER UNI VON BUENOS AIRES DAS MEDIZIN-STUDIUM AUFGENOMMEN. ABER ER VERREIST SO OFT ER KANN...
ZU FUSS ODER AUFM ESEL: HAUPTSACHE REISEN !!
MIAMI
CARACAS
BOGOTÁ
S. PABLO
LIMA
B. AIRES
SANTIAGO
1952 MACHT ER MIT EINEM ANDEREN MEDIZINSTUDENTEN EINE REISE PER MOTORRAD - 10 MONATE LANG (DIE REISE - DAS MOTORRAD GIBT SCHON IN CHILE SEINEN GEIST AUF). ZU FUSS ERREICHEN SIE PERU, FAHREN NACH MACCHU-PICHU UND BLEIBEN EINE ZEIT IM LEPRAHEIM SAN PABLO, WO SIE MIT DEN LEPRAKRANKEN LEBEN.
NACH EINER FLOSSFAHRT AUF DEM AMAZONAS KOMMEN SIE NACH KOLUMBIEN, DANN NACH CARACAS, VENEZUELA, (WO ERNESTOS FREUND BLEIBT, WÄHREND ER NACH MIAMI FLIEGT...)

VON WEGEN, ALTER!
SIE REISEN OHNE GELD INS BLAUE, ESSEN WENN SIE WAS BEKOMMEN, UND DIE REISE IN DIE USA MACHT ERNESTO IN EINEM TRANSPORTFLUGZEUR FÜR RENNPFERDE.

WEGEN DER VERZÖGERUNG SEINES RÜCKFLUGS BLEIBT ERNESTO EINEN MONAT IN MIAMI UND HAT SO DIE GELEGENHEIT, ETWAS VON DER USA-REALITÄT MITZUBEKOMMEN.

IM AUGUST KOMMT ER NACH BUENOS AIRES ZU-RÜCK, KLEMMT SICH HINTER SEIN STUDIUM UND WIRD IM MÄRZ 1953 ARZT...

ALS FACHARZT FÜR ALLERGIEN BEKOMMT ERNESTO VON SEINEM LEHRER DR. PISANI DAS ANGEBOT, MIT IHM ZUSAMMENZUARBEITEN. ABER ER LEHNT AB. ER WILL NACH VENEZUELA UM DORT MIT SEINEM FREUND UND KOLLEGEN ALBERTO GRANADOS ZUSAMMENZUARBEITEN.
Adiós Pampa mía
Adiós CHICHINA ex-mía!
WER ZUM TEUFEL IST CHICHINA?
NA, DIE BRAUT VON ERNESTO, SO EINE AUS BESSEREN...
CHICHINA ODER MARIA CARMEN FERREYRA, TOCHTER EINES REICHEN GRUND-BESITZERS AUS CORDOBA...

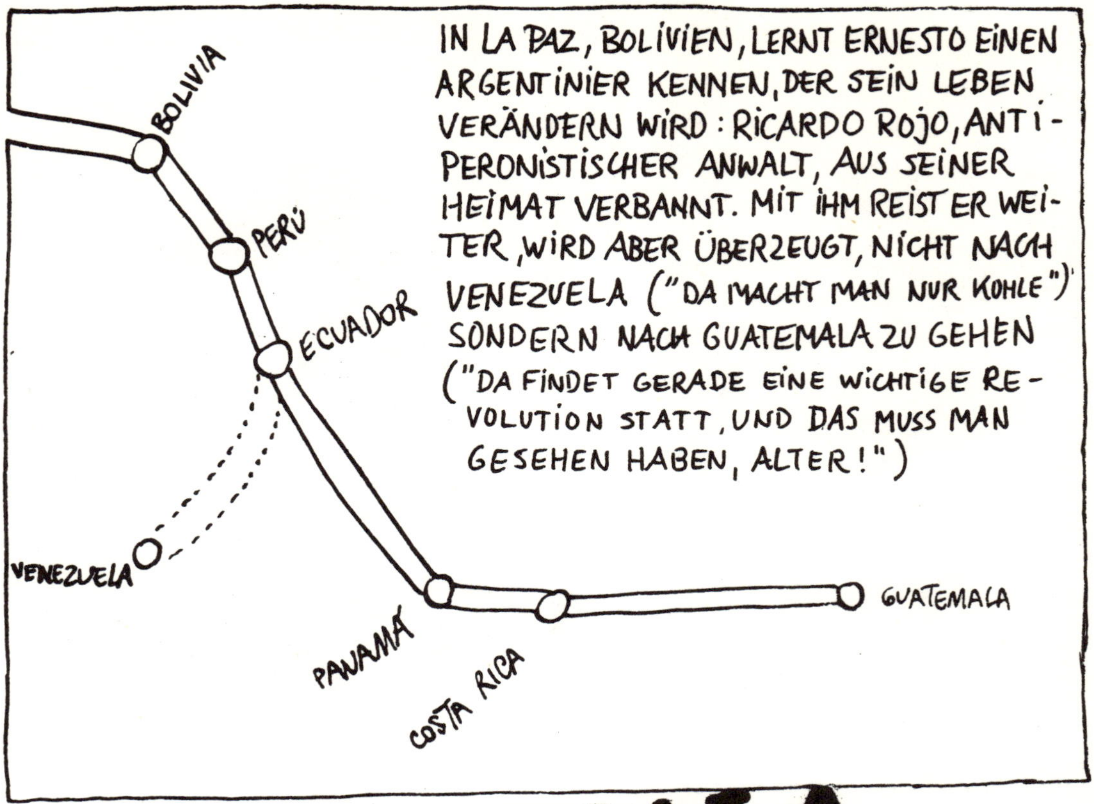

GUATEMALA

IN DIESEM LAND WAR NACH EINWANDFREIEN WAHLEN EIN LINKER LIBERALER, **JACOBO ARBENZ** → PRÄSIDENT GEWORDEN. ER LEITETE EINE REVOLUTIONÄRE POLITIK EIN UND ENTEIGNETE LÄNDEREIEN DER ALLMÄCHTIGEN UNITED FRUIT COMPANY...

ERNESTO GUEVARA BEEINDRUCKT DAS ELEND DES VOLKS. ER SYMPATHISIERT MIT DER POLITIK VON JACOBO ARBENZ. ER BIETET AN, BEI EINEM GESUNDHEITSPROGRAMM FÜR DIE INDIOS VON PETÉN MITZUARBEITEN. NOCH WÄHREND DIE FORMALITÄTEN ERLEDIGT WERDEN ÜBERRASCHT IHN DIE INVASION GUATEMALAS DURCH TRUPPEN UND FLUGZEUGE, FINANZIERT VON DEN USA, ANGEFÜHRT VON DEM WIDERLICHEN VERRÄTER CASTILLO ARMAS...

(EIN STINKNORMALER STAATSSTREICH)

ERNESTO GUEVARA DE LA SERNA VERWANDELT SICH IN "EL CHE", SO GENANNT VON EINIGEN KUBANERN, DIE IHN 1953 IN EINEM CAFE IN SAN JOSÉ, COSTA RICA, KENNENLERNEN.
WER SIND DIESE KUBANER?
ÜBERLEBENDE DES ÜBERFALLS AUF DIE MONCADA-KASERNE (26. JUNI 1953), ALSO FREUNDE VON FIDEL CASTRO. ERNESTO BEACHTET SIE NICHT WEITER SONDERN FÄHRT NACH GUATEMALA UM DIE DAMALIGEN FÜHRER LATEINAMERIKAS KENNENZULERNEN:
FIGUERES, HAYA DE LA TORRE, LEONI, BETANCOURT, BOSCH.
ABER DAS WICHTIGSTE AUF SEINER REISE IST DIE BEGEGNUNG MIT KARL MARX

IN COSTA RICA KAUFT DER SCHON ALS "CHE" BEKANNTE ERNESTO EINIGE BÜCHER ÜBER DEN MARXISMUS UND BEGINNT DARIN ZU LESEN.
IN GUATEMALA LERNT ER DANN EIN PERUANISCHES MÄDCHEN KENNEN - **HILDA GADEA** - UND SIE VERLIEBEN SICH

ERGEBNIS: ALS DIE USA IN GUATEMALA EINMARSCHIEREN IST DER CHE SCHON EIN LINKER GEWORDEN UND REBELLIERT GEGEN DIESES VERBRECHEN.

DIESES WAR DIE ERSTE ERNSTHAFTE INTERVENTION DER CIA HEUTE GEHÖRT IHNEN FAST DER GANZE KONTINENT, DEM LIEBEN GOTT SEI DANK UND DEN CHRISTDEMOKRATEN – AUCH DER **CDU** ...

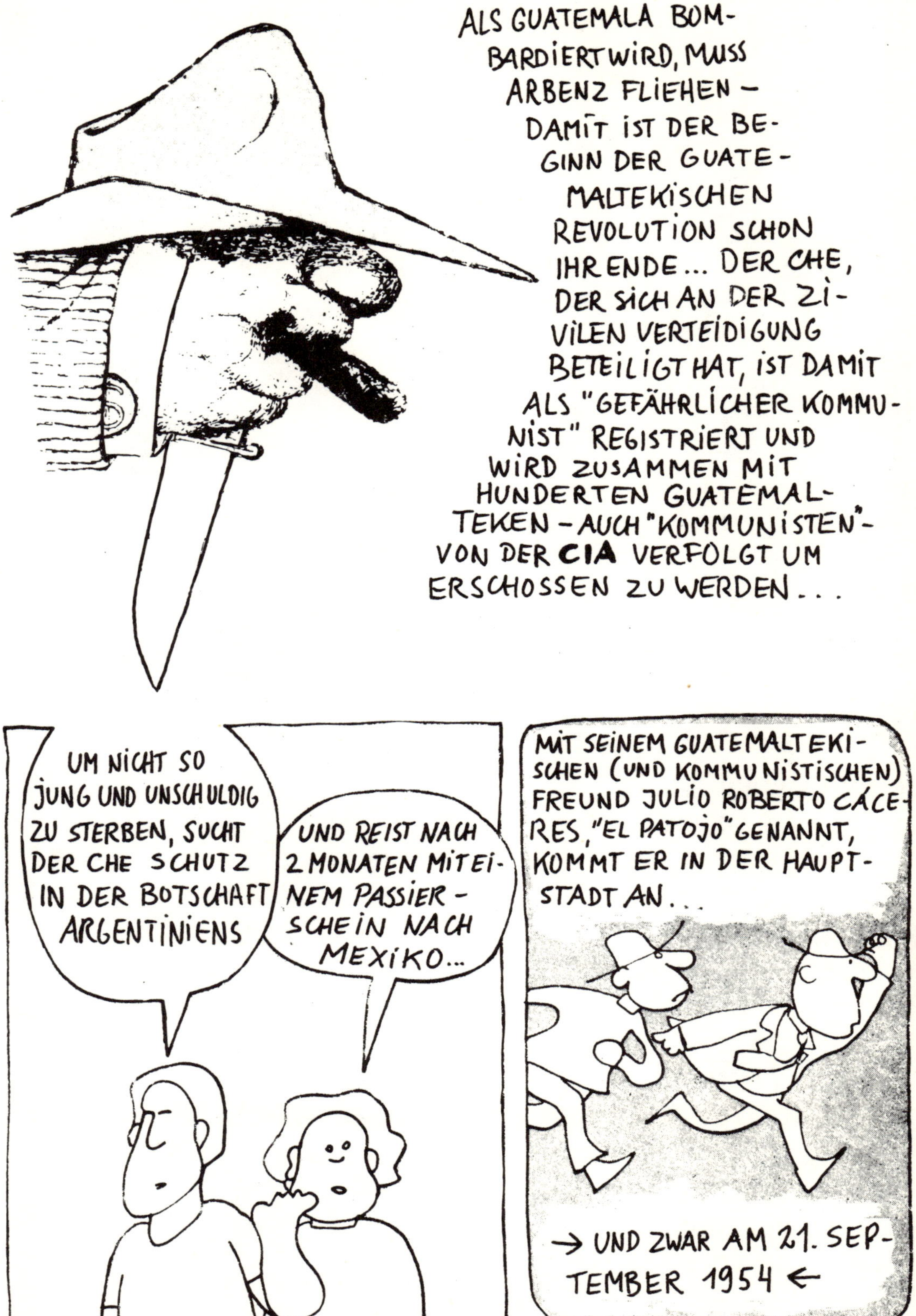
ALS GUATEMALA BOMBARDIERT WIRD, MUSS ARBENZ FLIEHEN – DAMIT IST DER BEGINN DER GUATEMALTEKISCHEN REVOLUTION SCHON IHR ENDE ... DER CHE, DER SICH AN DER ZIVILEN VERTEIDIGUNG BETEILIGT HAT, IST DAMIT ALS "GEFÄHRLICHER KOMMUNIST" REGISTRIERT UND WIRD ZUSAMMEN MIT HUNDERTEN GUATEMALTEKEN – AUCH "KOMMUNISTEN" – VON DER CIA VERFOLGT UM ERSCHOSSEN ZU WERDEN ...
UM NICHT SO JUNG UND UNSCHULDIG ZU STERBEN, SUCHT DER CHE SCHUTZ IN DER BOTSCHAFT ARGENTINIENS
UND REIST NACH 2 MONATEN MIT EINEM PASSIERSCHEIN NACH MEXIKO...
MIT SEINEM GUATEMALTEKISCHEN (UND KOMMUNISTISCHEN) FREUND JULIO ROBERTO CÁCERES, "EL PATOJO" GENANNT, KOMMT ER IN DER HAUPTSTADT AN...
→ UND ZWAR AM 21. SEPTEMBER 1954 ←

IN MEXIKO-STADT GEHT ES CHE UND PATOJO ZIEMLICH DRECKIG. SIE ARBEITEN ALS FOTOGRAFEN MIT EINER KAMERA, DIE SIE MIT HILFE DER PARTEI DER ARBEIT GUATEMALAS (DEN KOMMUNISTEN) KAUFEN. SIE KLAPPERN DIE STADT AB, FOTOGRAFIEREN KINDER UND VERSUCHEN, DIE FOTOS ZU VERKAUFEN...

HILDA GADEA, DIE PERUANISCHE FREUNDIN, KOMMT EINEN MONAT SPÄTER AN. SIE LEBEN ZUSAMMEN UND BEKOMMEN IM FEBRUAR 1956 EINE TOCHTER.

INZWISCHEN...

... HAT DER CHE ENDLICH FIDEL CASTRO KENNENGELERNT, DER IHN ÜBERZEUGT, BEI DER BEFREIUNG KUBAS MITZUMACHEN. DER CHE AKZEPTIERT UND WIRD VON FIDEL ZUM ARZT DER ZUKÜNFTIGEN EXPEDITION ERNANNT, DIE KUBA VON DER DIKTATUR BEFREIEN WIRD --- WIE DIE KUBANER SAGEN

"ICH HABE MIT FIDEL EINE GANZE NACHT LANG GEREDET. ALS ES TAG WURDE, WAR ICH SCHON DER ARZT SEINER ZUKÜNFTIGEN EXPEDITION. TATSÄCHLICH BRAUCHTE MAN KEINE GROSSE ÜBERREDUNGSKUNST, DAMIT ICH MICH AN DER REVOLUTION GEGEN EINEN TYRANNEN BETEILIGTE - NACH MEINEN FUSSMÄRSCHEN DURCH GANZ LATEINAMERIKA UND DEM I-TÜPFELCHEN IN GUATEMALA. ABER FIDEL HAT MICH ALS AUSSERGEWÖHNLICHER MENSCH SEHR BEEINDRUCKT. DIE UNMÖGLICHSTEN DINGE PACKTE ER AN UND LÖSTE SIE. ICH TEILTE SEINEN OPTIMISMUS. MAN MUSSTE WAS TUN, KONKRET WERDEN, KÄMPFEN, AUFHÖREN ZU JAMMERN UND RANGEHEN."

VON DA AN BEGINNT FÜR DEN CHE UND DIE GRUPPE DER KUBANER IM MEXIKANISCHEN EXIL, EINE LANGE UND STRENGE AUSBILDUNGSZEIT UNTER LEITUNG DES REPUBLIKANISCH-SPANISCHEN OFFIZIERS **ALBERTO BAYO**, SPEZIALIST IM GUERILLA-KRIEG.

BAYO GAB SICH IN MEXIKO ALS GRUNDBESITZER AUS EL SALVADOR AUS UND KAUFTE - MIT DEM GELD DER KUBANER - EINE ALTE FARM IN DER NÄHE VON CHALCO, PROVINZ MÉXICO, NAMENS "SANTA ROSA".
DORT UND AUF EINEM ANDEREN GELÄNDE NAMENS "LOS GAMITOS" LERNTEN SIA ALSO DIE KUNST, GEZIELT ZU SCHIESSEN...
UM ZU ÜBERLEBEN, VERKAUFT DER CHE BÜCHER, ARBEITET IM KRANKENHAUS. ALS ALLERGIST.. -- WIR JOURNALIST..
BIS SIE EINES SCHLECHTEN TAGES ALLE IM GEFÄNGNIS LANDEN, DENUNZIERT VON DER CIA, VERHAFTET VON DER MEXIKANISCHEN POLIZEI.
SIE WERDEN FREIGELASSEN UND FIDEL BESCHLIESST, GLEICH NACH KUBA AUFZUBRECHEN, BEVOR SIE NOCHMAL IM GEFÄNGNIS LANDEN...

DIE GRANMA

Monatelang hatte die Führung der Bewegung 26. Juli ein Schiff gesucht, das für die Überfahrt nach Kuba geeignet ist.
Schließlich entdeckte Fidel auf einer Reise nach Tuxpan, Veracruz, die Yacht „Granma", halbversunken im Fluß Pantepec. Das Schiff gehört dem US-Amerikaner Robert Bruce Erickson.
Für die Bewegung erwirbt der Mexikaner Antonio del Conde das Boot für 50.000,– mexikanischer Pesos.
Gebaut 1939, ist es etwa 21 Meter lang und 5 Meter breit und für 20 Personen, Besatzung und Passagiere, gedacht. Es verfügt über zwei Motoren von je 250 PS, mit denen es 9 Knoten erreicht und hat 48 Bruttoregistertonnen.

DIE "GRANMA" (ENGL.: GROSSMUTTER) STICHT AM MORGEN DES 25. NOVEMBER 1956, EINEM SONNTAG, UM 2 UHR IN SEE MIT 82 MANN AN BORD, DAZU GROSSE MENGEN TREIBSTOFF, WAFFEN, UNIFORMEN UND PROVIANT: ORANGEN, KONDENSMILCH UND BROT. WUNDERSAMERWEISE IST ES IHNEN GELUNGEN, DER AUFMERKSAMKEIT DES F.B.I. UND DER MEXIKANISCHEN POLIZEI ZU ENTGEHEN...

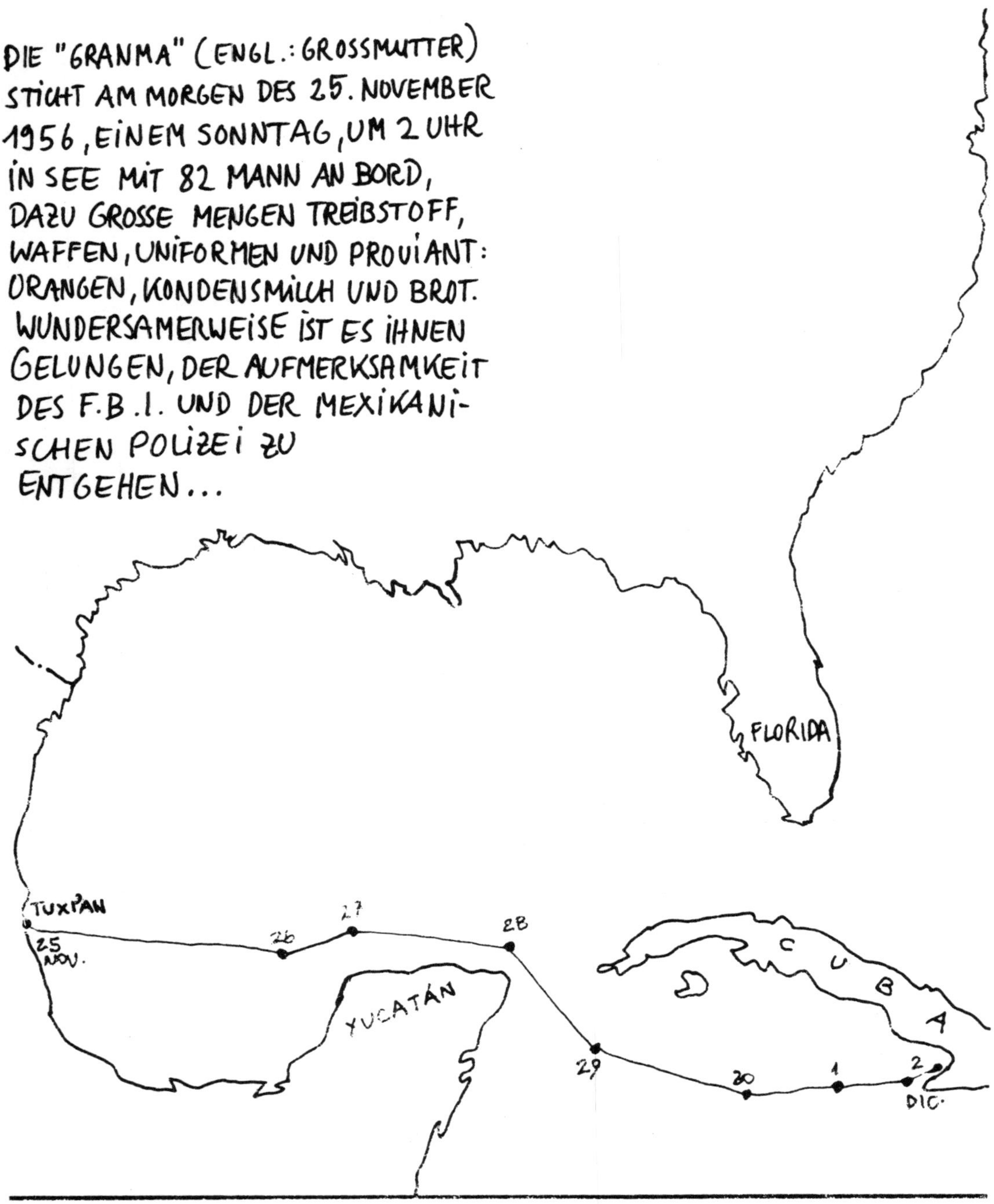

DIE YACHT DROHT ZU SINKEN. DIE EXPEDITION IST SEEKRANK UND DER PROVIANT WEG. DER CHE HAT EINEN DERARTIGEN ASTHMA-ANFALL, DASS ER SCHON FÜR TOT GEHALTEN WIRD... ABER NEIN!

DIE GRANMA VERLIERT DEN KURS UND LÄUFT FAST OHNE TREIBSTOFF 2 KM VOM VORGESEHENEN ZIEL (PLAYA DE LAS COLORADAS) AUF GRUND.

DER GRUND IST MORASTIG UND RUTSCHIG, EIN WARMER, WEICHER BREI, IN DEM RIESIGE KRABBEN UND KREBSE LEBEN, NICHT ZU VERGESSEN DIE WOLKEN VON MOSQUITOS, DIE DEN MANGROVEN-WALD ZUM ALPTRAUM MACHEN. DIE MÄNNER BRAUCHEN 3 STUNDEN DURCH DIESEN SUMPF. UM 9 UHR MORGENS HABEN SIE ENDLICH LAND UNTER DEN FÜSSEN.

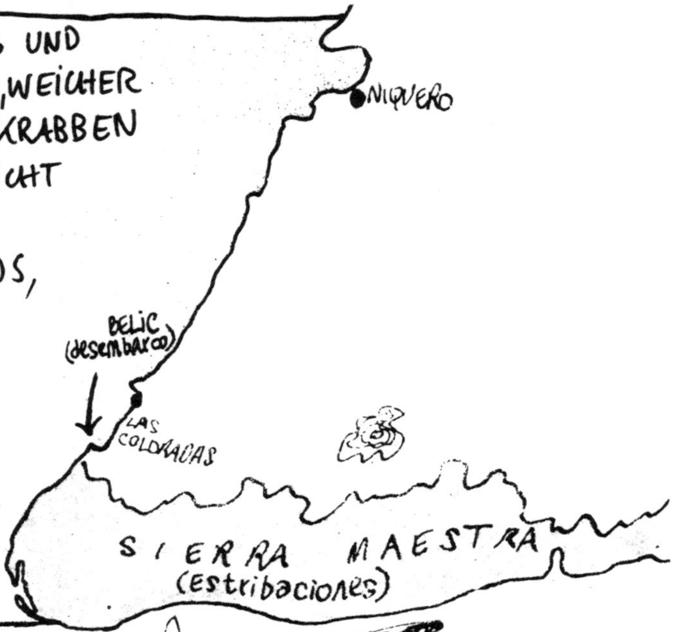

UM HALB ZEHN, ALS SIE SICH ETWAS AUSRUHEN, HÖREN DIE MÄNNER EINIGE DETONATIONEN: EIN KANONENBOOT DER KUBANISCHEN MARINE HAT DIE LEERE YACHT ENTDECKT BESCHOSSEN UND ABGESCHLEPPT.

UM 11 ÜBERFLIEGEN 3 FLUGZEUGE DIE STELLE, WO DIE MÄNNER AN LAND GEGANGEN SIND, UND BESCHIESSEN DIE HÄUSER DER BAUERN, BEI DENEN FIDEL UND SEINE LEUTE UM ESSEN GEBETEN HATTEN. SIE MÜSSEN WEITER.

ABER DER CHE HAT DIESEN ERSTEN TAG IN KUBA SELBST BESCHRIEBEN:
„. . . wir waren am 2. Dezember an dem Las Coloradas genannten Strand an Land gegangen, hatten dabei fast unsere gesamte Ausrüstung verloren und endlose Stunden durch einen Meerwasser-Sumpf in neuen Stiefeln marschiert. Daraufhin haben fast alle Fußblasen und Entzündungen bekommen. Aber nicht nur das Schuhwerk oder Pilzinfektionen waren unsere Feinde; wir waren in Kuba angekommen nach einer siebentägigen Fahrt durch den Golf von Mexiko und die Karibische See, ohne ausreichende Ernährung, bei schlecht befahrbarer See, fast alle seekrank mangels Erfahrung, nachdem wir am 25. November aus dem Hafen von Tuxpan ausgefahren waren, an einem Tag, an dem wegen schweren Wetters die Seefahrt verboten war . . .“
UND AUCH NOCH VON DEN BAUERN VERRATEN:

„. . . von unserer Militärausrüstung blieb nichts weiter als das Gewehr, der Patronengurt und einige feuchte Kugeln. Unsere medizinische Ausrüstung war verschwunden, die meisten Rucksäcke waren im Sumpf geblieben. Am Vortag waren wir nachts am Rande der Zuckerrohrfelder der „Central Niquero", die Julio Lobo gehörten, weitermarschiert. Unerfahren wie wir waren, löschten wir Durst und Hunger mit Zuckerrohr und ließen die Reste am Wege liegen — jedoch brauchten unsere Verfolger nicht weiter die Hilfe der Indizien, da unser Führer, wie wir Jahre später erfuhren, der Hauptverantwortliche dieses Verrats war und sie direkt zu uns geleitet hat . . ."
DIE GUERILLEROS FLIEHEN OHNE DIE ZIVILEN WIDERSTÄNDLER ZU TREFFEN, DIE AUF SIE WARTETEN.
AM 5. DEZEMBER GREIFEN UNS BATISTA-TRUPPEN AN EINEM VERDAMMTEN ORT AN, DER SINNIGERWEISE "FREUDE DES BARMHERZIGEN" HEISST.
140 SOLDATEN UMSTELLEN SIE AUF EINEM ZUCKERROHRFELD, TÖTEN 3, VERLETZEN WEITERE (UNTER IHNEN DEN CHE) UND ZERSTREUEN FAST DIE GESAMTE EXPEDITIONSGRUPPE. VIELE VON DEN MÄNNERN SIND ALLEIN OHNE VON DEN ANDEREN ZU WISSEN.
DIE ABSOLUTE SCHEISSE!

EXTRA
MUERTO FIDEL CASTRO, AFIRMA LA UNITED PRESS
La aviación y fuerzas navales interceptaron el yate donde venían, resultando muertos Fidel Castro y su hermano, así como otros expedicionarios. *
EXPEDITIOOONS TRUPPE VÖLLIG ZERSCHLAAAGEN!
*FIDEL CASTRO TOT, MELDET UNITED PRESS. DIE LUFTWAFFE UND MARINE ENTDECKTEN RECHTZEITIG DIE YACHT, IN DER SIE KAMEN; BEI DEM GEFECHT WURDEN FIDEL CASTRO UND SEIN BRUDER SOWIE WEITERE REBELLEN GETÖTET.
SO ALSO BEGANN DIE SCHLACHT GEGEN DIE BATISTA-DIKTATUR UND IHREN 12.000 BERUFSSOLDATEN, EIN IN KOREA TRAINIERTES OFFIZIERSCORPS, EINE MODERNE LUFTWAFFE MIT NAPALM UNDSOWEITER UND MIT DER MATERIELLEN UND DIPLOMATISCHEN UNTERSTÜTZUNG DER U.$.A...
DANN IST FIDEL CASTRO ALSO DOCH NICHT BEI DER LANDUNG GEFALLEN?
NEIN, ABER VIELE SIND GESTORBEN...

Gefallen bei der Landungsaktion

Humberto Lamothe
Oscar Rodríguez
Israel Cabrera
Luis Arcos Bergnes
Armando Mestre
José Ramón Martínez
José Smith Comas
Miguel Cabañas
Antonio "Ñico" López
Cándido González
Antonio López Fdez.
Juan Manuel Márquez
César Gómez Fdez.
Emilio Albentosa
Santiago L. Hirzel
Antonio Darío López
Andrés Luján Vázquez
René Reiné García
Eduardo Reyes Canto
Tomás David Royo
Miguel Saavedra P.
Raul Suárez Mtez.
Noelio Capote Figueroa
René Bedia Morales
Felix Elmuza Agaisse

Gefangen und verschwunden

Pablo Hurtado
Alfonso Guillén
Pedro Sotto
Esteban Sotolongo
José Ponce Díaz
Fernando Sánchez A.
Rolando Santana
Horacio Rodríguez
Arnaldo Pérez
Evaristo Montes de Oca
Ramón Mejía
Jesús Gómez Calzodilla
Norberto Godoy
Gabriel Gil Alfonso
Arsenio García Dávila
Gilberto García A.
Mario Fuentes A.
José Fuentes A.
Ernesto Fdez. Rodr.
Manuel Hechavarría
Gino Donné Paro
Raul Díaz Torres
Fco. Chicola Casanova
Arturo Chaumont
Mario Chanes de A.
Enrique Cueles C.
Jaime Costa Ch.
Norberto Collado A.
Enrique Cámara P.
Reynaldo Benitez
Jesús Reyes García
Armando Huau S.
Pablo Díaz González
Onelio Pino Izquierdo
Roberto Roque Núñez
Mario Hidalgo B.
Rolando Moya G.
Jesús Montané O.

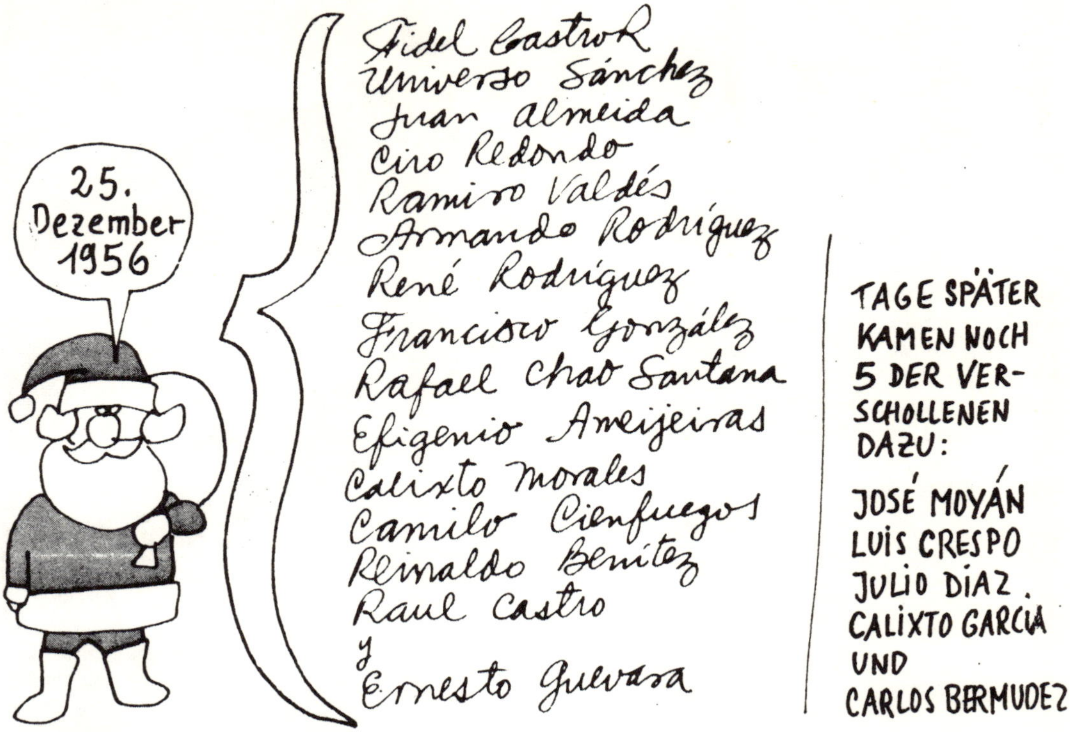
25. Dezember 1956
Fidel Castro R
Universo Sánchez
Juan Almeida
Ciro Redondo
Ramiro Valdés
Armando Rodriguez
René Rodriguez
Francisco González
Rafael Chao Santana
Efigenio Ameijeiras
Calixto Morales
Camilo Cienfuegos
Reinaldo Benitez
Raul Castro
y
Ernesto Guevara
TAGE SPÄTER KAMEN NOCH 5 DER VERSCHOLLENEN DAZU:
JOSÉ MOYÁN
LUIS CRESPO
JULIO DIAZ
CALIXTO GARCIA
UND
CARLOS BERMUDEZ

AM 16. JANUAR BEGANNEN DIE ÜBERLEBENDEN IHREN GUERILLAKRIEG.

LA PLATA

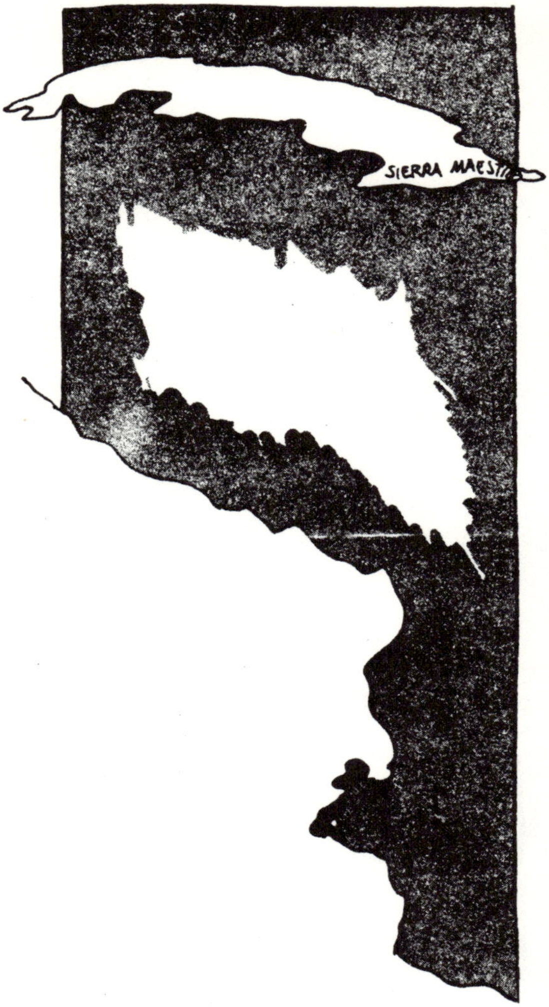

„Der Angriff auf eine kleine Kaserne an der Mündung des La-Plata-Flusses in der Sierra Maestra war unser erster Sieg und hat eine Resonanz gehabt, die weit über die gebirgige Region, in der er stattgefunden hat, hinausging. Es war ein Achtungszeichen für alle, der Beweis, daß die Revolutionsarmee existierte und kampfbereit war, und für uns die Bestätigung unserer letztendlichen Möglichkeit zu siegen.

(Che Guevara-Passagen/Aus dem Revolutionskrieg)

DER ANGRIFF - 22 GUERILLEROS GEGEN 36 SOLDATEN - WAR EIN ERFOLG: DIE AUFSTÄNDIGEN EROBERTEN WAFFEN UND MUNITION, MACHTEN GEFANGENE (DIE SIE SCHNELL WIEDER FREILIESSEN) UND ZOGEN SICH WIEDER ZURÜCK ...

INNERHALB KUBAS WOLLTE DIKTATOR BATISTA GLAUBEN MACHEN, DASS ES DIE GUERILLAS NICHT GAB. ABER DA SCHMUGGELTE SICH DER BEKANNTE JOURNALIST HERBERT MATTHEWS VON DER NEW YORK TIMES IN DIE SIERRA MAESTRA UND INTERVIEWTE FIDEL... (Februar 1957)

BALD WÄCHST DIE GUERILLA UND AUCH DER WIDERSTAND IN DEN STÄDTEN. ES ENTSTEHT EINE EINHEIT ZWISCHEN DEN BERGEN UND DEM FLACHLAND – EINE VORRAUSSETZUNG FÜR DIE GUERILLABEWEGUNG

IM JUNI DEBÜTIERTE ER ALS ZAHNARZT

"Mein erstes Opfer war Israel Prado, der noch ganz gut davongekommen ist. Das zweite war Joel Iglesias: was man zur Beseitigung des Störenfrieds gebraucht hätte wäre eine Ladung Dynamit am Zahn gewesen. Aber er überlebte den Krieg, und der Zahn war noch an Ort und Stelle, weil alle Versuche, ihn rauszuziehen ergebnislos geblieben waren. Zu meiner Unerfahrenheit kam der Zwang, Schmerzmittel zu sparen. Ich gebrauchte die 'psychologische Betäubung': Bei allen, die zu sehr jammerten belegte ich die Arbeit an ihren Zähnen mit den gröbsten Flüchen..."

AUSSER SEINEM MUT UND SEINER TAPFERKEIT BESITZT CHE EIN AUSSERORDENTLICHES ORGANISATIONSTALENT:

NACHDEM DIE GUERILLA IN DEN BERGEN FUSS GEFASST HATTE, ORGANISIERT CHE DAS HAUPTLAGER UND DIE EINZELNEN STÜTZPUNKTE: GEMÜSEGÄRTEN, VIEHWEIDEN UND -STÄLLE, WAFFENFABRIKEN, BLUTBANKEN, EINE RADIOSTATION, BÄCKEREI, SCHUHFABRIK UND ZIGARRENFABRIK.
BESCHEIDEN - KLAR! - ABER ERFOLGREICH ...

ER GRÜNDET EINE VERVIELFÄLTIGTE ZEITUNG - MIT KARIKATUREN UND ALLEM - DIE ER WÄHREND DER ERSTEN NUMMERN AUCH REDIGIERT: "EL CUBANO LIBRE"
(DER FREIE KUBANER)

IM FEBRUAR DIESES JAHRES IST DIE GUERILLA SO STARK GEWORDEN, DASS FIDEL BESCHLIESST VON DEN BERGEN INS LAND ZU GEHEN UND VOM ANGEGRIFFENEN ZUM ANGREIFER ZU WERDEN

WAS AUSSERDEM WICHTIG WAR:

1 FIDEL IST IN DER SIERRA

2 RAÚL CASTRO ERÖFFNET IM MÄRZ DIE "ZWEITE FRONT" IN DER SIERRA CRISTAL

3 JUAN ALMEIDA UMSTELLT SANTIAGO DE CUBA

4 CAMILO CIENFUEGOS LEITET EINE KOLONNE, DIE SICH ZUM WESTEN DER INSEL BEWEGT

5 AM 31. AUGUST BEGINNT CHE GUEVARA SEINEN MARSCH AN DER SPITZE DER 8. KOLONNE

6 WEITERE REBELLENGRUPPEN WERDEN IN DER SIERRA DEL ESCAMBRAY AKTIV, BESTEHEND AUS DEM "DIREKTORIUM DER STUDENTEN", DER "SOZIALISTISCHEN VOLKSPARTEI" (KOMMUNISTEN) UND DER "AUTHENTISCHEN ORGANISATION" DES EX-PRÄSIDENTEN UND SPITZBUBEN CARLOS PRIO SOCARRÁS.

OHNE DECKUNG ÜBER OFFENES GELÄNDE, STÄNDIGEN BOMBARDEMENTS AUSGESETZT, VON GEWISSENLOSEN BAUERN VERRATEN UND KRANK MARSCHIEREN SIE ÜBER DIE HALBEINSEL UND DURCHQUEREN MEHR ALS 20 FLÜSSE UM SICH MIT DEN GUERILLEROS VOM ESCAMBRAY (S. KARTE) ZU VEREINIGEN, WO CHE ERST MAL UNTER "REVOLUTIONÄREN" VIEHDIEBEN AUFRÄUMEN MUSS, DIE SICH VON DEN BAUERN DURCHFÜTTERN LASSEN.

DER PUNKT AUF DEM i IST DIE EROBERUNG DER STADT SANTA CLARA DURCH CHES TRUPPEN

Santa Clara ist der Mittelpunkt der Zentralebene der Insel, mit 150.000 Einwohnern, Eisenbahnknotenpunkt und überhaupt aller Verbindungslinien des Landes. Die Stadt ist von kleinen Hügeln umgeben, die zuvor von Batista-Truppen besetzt worden waren. Zum Zeitpunkt des Angriffes hatten unsere Truppen durch Beutewaffen die Anzahl unserer Gewehre erheblich vergrößert und verfügten sogar über einige schwere Waffen ohne Munition. Wir hatten eine ‚Bazooka' ohne Geschosse und mußten gegen ein Dutzend Panzer kämpfen . . . Im Mittelpunkt unseres mit einer für unsere Verhältnisse ausgezeichneten Ausrüstung vorgetragenen Angriffs standen die Verteidiger des gepanzerten Eisenbahnzuges, der am Zugang der Straße nach Camajuani stand, die ihre Stellungen mit Zähigkeit zu halten versuchten. Am 29. Dezember begannen wir den Kampf . . .

Die Capito-Hügel hielten noch stand, und dort kämpften wir während des ganzen 30.12., während wir zugleich nach und nach verschiedene Punkte der Stadt selbst einnahmen. Zu diesem Zeitpunkt war die Verbindung zwischen dem Zentrum von Santa Clara und dem gepanzerten Zug bereits unterbrochen. Als der Zug in den Capiro-Hügeln umstellt war, versuchte er sich auf der Bahnstrecke zurückzuziehen, geriet aber mit samt seiner prächtigen Ladung in den zuvor von uns zerstörten Bahnabschnitt, so daß die Lokomotive und einige Waggons aus den Schienen sprangen und umkippten.

IN DERSELBEN NACHT:

BATISTA GEFLOHEN

In Begleitung zahlreicher Freunde und vollgepackt mit Geld, Juwelen, Tresoren und einer verteufelten Angst und mächtigem Schiß, verließ der bekannte General FULGENCIO BATISTA ZALDIVAR, der in den letzten Jahren als Präsident von Cuba tätig war, unsere Stadt in einem Flugzeug mit Kurs Santo Domingo.

Der Zeitpunkt dieser überstürzten Abreise außerhalb der normalen Betriebszeiten verhinderte, daß ihm seine Anhänger den gebührenden Abschied gaben. Seine Gattin trug ein verzerrtes Gesicht und kostbare, teure Pelze zur Schau, außerdem ein geblümtes Lamé-Kleid, Seidenstrümpfe und Sandaletten in vielsagendem Rosa. Der General verweigerte Erklärungen, bat jedoch einige Offiziere und Freunde ihn über die Ereignisse nach seiner Abreise auf dem Laufenden zu halten.

Er empfahl auch den Generälen Cantillo und Barquin den Versuch, die Macht zu ergreifen, damit sie nicht den Bärtigen, Ungläubigen und Kommunisten in die Hände fallen, Leuten wie diesem argentinischen Arzt und internationalen Kommunisten Ernesto Guevara, genannt „Che". Angesichts der überstürzten Abreise konnten wir nicht gebührende Notiz von der Begleitung des Herrn Batista nehmen, können aber feststellen, daß es sich um sehr christliche Personen aus unseren besten Gesellschaftskreisen und um hohe Beamte handelte.

CUBA LIBRE
SO IST ES, MEIN LIEBER: FREI VON BATISTA!
UND VON DEM ANDEREN?
AM 5. JANUAR WURDEN DER RICHTER MANUEL URRUTIA ZUM PRÄSIDENTEN UND JOSÉ MIRÓ CARDONA PREMIERMINISTER ERNANNT. CHE ERHIELT DAS KOMMANDO DER FESTUNG "LA CABANA" IN HAVANNA.

UND WAS MACHEN WIR JETZT, FIDEL?
WAS IN MEXICO NICHT GEMACHT WURDE: DIE ARMEE AUFLÖSEN!

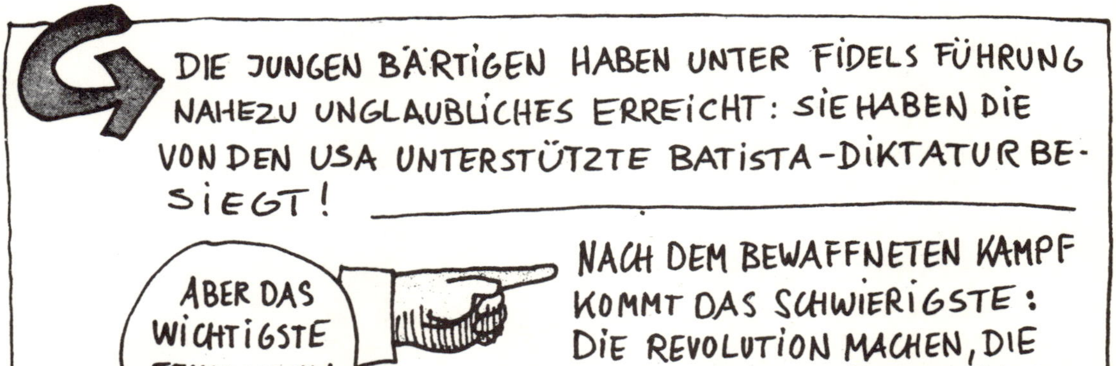

DIE JUNGEN BÄRTIGEN HABEN UNTER FIDELS FÜHRUNG NAHEZU UNGLAUBLICHES ERREICHT: SIE HABEN DIE VON DEN USA UNTERSTÜTZTE BATISTA-DIKTATUR BESIEGT!
ABER DAS WICHTIGSTE FEHLT NOCH!
NACH DEM BEWAFFNETEN KAMPF KOMMT DAS SCHWIERIGSTE: DIE REVOLUTION MACHEN, DIE STRUKTUREN VERÄNDERN UM ZU VERHINDERN, DASS KUBA WIEDER DAS WIRD, WAS ES VORHER WAR: EINE YANKEE-KOLONIE
(ODER-BESSER GESAGT-: EIN BORDELL)

TATSÄCHLICH WAREN CHE UND CAMILO CIENFUEGOS - DER KOMMANDEUR DES "CAMPO COLUMBIA" - DIE MILITÄR GOUVERNEURE VON HAVANNA. IHRE AUFGABE WAR ES, DEN REST DER BATISTA-ARMEE ZU LIQUIDIEREN...

ARMEE UND POLIZEI HATTEN IN DEN KRIEGSJAHREN ÜBER 20.000 KUBANER ERMORDET, HATTEN GEFOLTERT, DIE HÄUSER DER BAUERN BOMBARDIERT UND VERBRANNT, HATTEN DIE STAATSKASSE GEPLÜNDERT UND SICH DAFÜR DEVISEN GENOMMEN. - IST ES RICHTIG UND GERECHT SIE FREIZULASSEN?
IST ES RICHTIG UND GERECHT SIE ZU TÖTEN?

CHE GEHÖRTE ZU DENEN, DIE FÜR **GERECHTIGKEIT** SORGTEN – FOLGENDES GESCHAH: VIELE WURDEN HINGERICHTET, DAMIT SIE NICHT IN VERSUCHUNG GERIETEN, IHRE SÜNDEN ZU WIEDERHOLEN. ANDERE WURDEN ZU HAFTSTRAFEN VERURTEILT. EINIGE WENIGE WURDEN FREIGESPROCHEN

NEBEN DEM KÄMPFEN UND BART-WACHSEN-LASSEN HATTEN FIDEL UND SEINE LEUTE DAS PROBLEM UNTERSUCHT. CHE ERZÄHLTE DAVON IN EINER REDE, DIE ER IM JANUAR 1959 HIELT:

„Ich erinnere mich, daß ich in einer Diskussion im engsten Kreis, in einem Haus in Mexiko, die Notwendigkeit begründete, dem kubanischen Volk ein revolutionäres Programm vorzulegen, und mir einer der Beteiligten des Angriffs auf Moncada — er hat sich glücklicherweise von der Bewegung 26. Juli getrennt — mit einigen Sätzen antwortete, an die ich immer denken mußte: ‚Die Sache ist ganz einfach — wir müssen einen Putsch machen; Batista hat einen gemacht und die Macht an einem Tag erobert, man muß nur einen anderen machen, um ihn abzusetzen . . . Batista hat den Amerikanern hundert Konzessionen gemacht — wir machen ihnen eben hundertundeine . . .' Es ging also nur um die Macht. Ich antwortete ihm, daß wir wohl die Macht erobern müßten, aber auf der Grundlage bestimmter Prinzipien, und daß das wichtigste aber sei zu wissen WAS WIR MIT DER MACHT MACHEN WOLLEN . . ."

Parallel zur Einbeziehung der Bauern („guajiros") in den bewaffneten Kampf für ihre Forderungen nach Freiheit und sozialer Gerechtigkeit, entstand das große Zauberwort, das die im Kampf um den Boden unterdrückten kubanischen Massen immer mehr mobilisieren sollte: die AGRARREFORM. Damit war die erste große gesellschaftliche Forderung definiert, die später die Fahne und die Hauptlosung unserer Bewegung sein würde . . .
****

Die Siege der Rebellen-Armee und die mühsame illegale Arbeit haben das ganze Land in Bewegung gebracht und eine derart überschäumende Stimmung geschaffen, daß es zur Ausrufung des Generalstreiks vom 9. April kam, der aus organisatorischen Gründen scheiterte . . . Aber der 26. Juli ging aus dem gescheiterten Streik gestärkt hervor, und diese Erfahrung lehrte seinen Führern jene kostbare Wahrheit – damals und heute –, daß die Revolution nicht der oder jener Gruppe gehört, sondern ein Werk des ganzen kubanischen Volkes sein muß. Und auf dieses Ziel hin richteten sich alle Anstrengungen der Kämpfer unserer Bewegung, in der Ebene und in den Bergen. Die Männer und Frauen der Rebellen-Armee haben weder in der Sierra Maestra noch sonstwo ihre Hauptaufgabe vergessen: DIE BESSERUNG DER LAGE DER BAUERN, seine Einbeziehung in den Kampf um den Boden, und ihren Beitrag dazu leisteten sie in Schulen, die diese improvisierten Lehrer in den unzugänglichen Winkeln von Oriente organisierten . . ."

****

„Wir sind jetzt bereits bei den gesellschaftlichen Zielen der Rebellen-Armee, wir haben eine bewaffnete Demokratie. Wenn wir die Agrarreform planen und die Forderungen der neuen revolutionären Gesetze befolgen, die sie begleiten und sie unmittelbar durchführbar machen, denken wir an die soziale Gerechtigkeit, die die Umverteilung des Landes bedeuten wird, und auch an die Schaffung eines breiten Binnenmarktes und die Vervielfältigung der landwirtschaftlichen Produktion, eben zwei untrennbare Hauptziele der revolutionären Regierung . . ."

****

„Alle wirtschaftlichen Tätigkeiten sind miteinander verbunden. Wir müssen die Industrialisierung des Landes steigern, ohne die zahlreichen Probleme zu verkennen, die dieser Prozeß mit sich bringt. Aber eine Politik der Industrieförderung erfordert gewisse zolltarifliche Maßnahmen, die die entstehende nationale Industrie schützen, sowie einen Binnenmarkt, der die neuen Waren aufnehmen kann. DIESEN MARKT KÖNNEN WIR NICHT ANDERS ERWEITERN ALS DURCH DIE EINBEZIEHUNG DER BREITEN BAUERNMASSEN, die keine Kaufkraft haben aber wohl Bedürfnisse, die sie befriedigen wollen . . .
Wir müssen eine kubanische Handelsflotte schaffen, die den Zucker, den Tabak und andere Waren transportiert. Wir müssen unsere Bodenschätze zurückgewinnen, unsere Mineralien. Ein weiteres Element ist die Elektroenergie: Wir werden sicherstellen, daß die Elektrizitätserzeugung in kubanischen Händen ist. Wir müssen auch die Telefongesellschaft nationalisieren wegen ihrer schlechten Dienste und ihrer hohen Gebühren . . ."

KLAR, DASS CHE HIER EINIGE GEDANKEN FIDELS WIEDERHOLT (ER SAH SICH SELBST ALS SCHÜLER FIDELS), ABER MAN MUSS AUCH SAGEN, DASS ER ÜBER EINEN AUSGEPRÄGTEN ORGANISATIONSSINN VERFÜGTE.
DIESER JUNGE WÄR'N PRIMA KAUFMANN GEWORDEN!
AUF SEINEN EIGENEN WUNSCH HAT IHN FIDEL DESWEGEN MIT ÖKONOMISCHEN AUFGABEN BETRAUT *
* IN DER INDUSTRIEABTEILUNG DES NATIONALEN INSTITUTS FÜR DIE AGRARREFORM (INRA)
IM JUNI 1959 REIST CHE NACH INDIEN, ÄGYPTEN, INDONESIEN UND JUGOSLAWIEN.
ALLES DRITTE WELT
SIEHT SO AUS, ALS SUCHEN DIE BÄRTIGEN NACH EINEM DRITTEN WEG: WEDER KAPITALISMUS NOCH KOMMUNISMUS...
DOCH WAS IST DER DRITTE WEG?

AM 28. NOVEMBER WIRD ER FÜR EINEN UNGLAUBLICHEN JOB NOMINIERT: PRÄSIDENT DER KUBANISCHEN NATIONALBANK
DAS IST SO, ALS WÄRE LUTHER PABST GEWORDEN
ICH UND BANKIER - DER SPINNT DER FIDEL !
CHE IST DER ERSTE BANKPRÄSIDENT, DER IN HEMDSÄRMELN INS BÜRO KOMMT, REICHLICH UNGEPFLEGT IN SEINER UNIFORM, OFT UNGEKÄMMT, UND DER ERSTE, DER SICH SEIN GEHALT HERABSETZT - VON 5000 AUF 1200 PESOS...
DIE ER IMMER ZU KASSIEREN VERGISST...

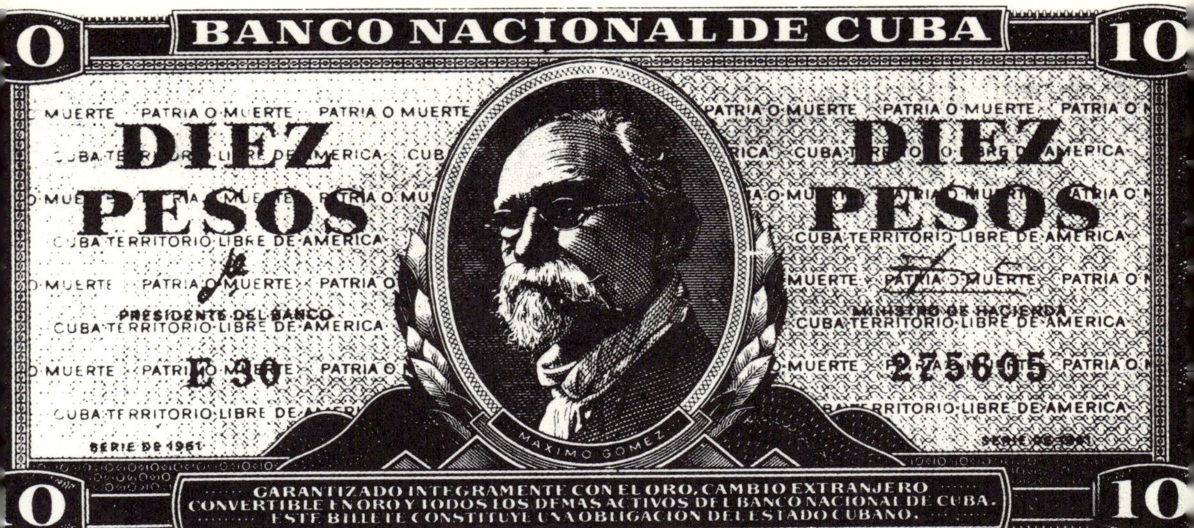

ACH JA: KUBA LIESS SEINE GELDNOTEN IN DEN USA DRUCKEN, DIE PLÖTZLICH VERSUCHTEN, DAS LAND MIT FRISCHGEDRUCKTEM ZU ÜBERSCHWEMMEN. UM DIESE SCHERZE ZU BEENDEN LIESS CHE DIE GELDSCHEINE IN DER CSSR DRUCKEN. ER UNTERSCHRIEB SIE EINFACH SO »→

BANKIER CHE

Für mich war es eine Überraschung, sagt Dr. José Santiesteban, als er zum Präsidenten der Nationalbank ernannt wird.
Er ruft mich, um mir das Sekretariat anzubieten. Ich sage ihm, daß ich mich in Finanzangelegenheiten nicht auskenne, woraufhin er mir eine Woche gibt, damit ich mich vorbereiten kann, stellen Sie sich vor . . .
Die Einsparung von Devisen ist die Aufgabe der Bank, die ihn am meisten beschäftigt. Er fordert für jeden Tag eine Devisenbilanz; und alle Probleme betrachtet er in Abhängigkeit der Devisenverfügbarkeit.
Er arbeitet und studiert unermüdlich, bis um drei oder vier Uhr morgens. Er kennt sich bald in allen Finanzangelegenheiten sehr gut aus, berät sich aber dennoch, bevor er eine Entscheidung fällt. Auf Sitzungen läßt er die Genossen/„Compañeros" reden und stellt viele Fragen. Und entscheidet am Ende. Er ist hart mit denen, die Fehler begehen, bleibt aber menschlich. Schwächen läßt er nicht durchgehen, aber er verzeiht. Bevor er einem „Compañero" sein Vertrauen gibt, analysiert er ihn, ob er ehrlich und revolutionär ist; wenn er diese Prüfung besteht, unterstützt er ihn um jeden Preis.
Er widmet sich stark der freiwilligen Arbeit. Er ist der erste, der mit dem Beispiel vorangeht, und so gehen wir jeden Sonntag in die Martí-Siedlung und schleppen Steine für die Häuser der Arbeiter.
Er besteht auch mit Nachdruck auf der Weiterbildung des Personals. Er lernt und sorgt dafür, daß die anderen auch lernen."

1960

IST DAS JAHR, IN DEM CHE EINEN SEINER TRÄUME VERWIRKLICHT: DIE SOZIALISTISCHEN LÄNDER KENNENZULERNEN

NEBENBEI UNTERZEICHNET ER HANDELSABKOMMEN MIT DER SU, CHINA, UNGARN, BULGARIEN, DER CSSR, NORDKOREA UND DER DDR

„"ICH BIN SICHER, DASS WIR ALLE AUF ANDERE LEUTE SCHOCKIEREND WIRKEN. ES SIEHT SO AUS, ALS HÄTTE ICH NEBEN RAÚL DIE EHRE, ZU DEN SCHOCKIERENDSTEN ZU GEHÖREN... ALL JENE, DIE AUF DER ANDEREN SEITE STEHEN, WERDEN UNS IRGENDWELCHE NAMEN GEBEN UND UNS BESCHIMPFEN. DAS EINZIG WAHRE IST ABER, DASS WIR FÜR DAS VOLK ARBEITEN UND DASS DIE ENTEIGNETEN AUSBEUTER NIE WIEDERKOMMEN."

DIE NATIONALE UND INTERNATIONALE PRESSE WAR ÜBER CHE HERGEFALLEN, WEIL ER "DIE KUBANISCHE WIRTSCHAFT VERSCHENKT" HÄTTE – AN DIE SOZIALISTISCHEN LÄNDER.

(UND KUBA HATTE SICH NOCH NICHT ZUM SOZIALISMUS BEKANNT...)

WAS DER CHE SAGTE, STIMMT SCHON: FÜR VIELE KUBANER WAR ER EIN SELTSAMER TYP.
SPARSAM, FLEISSIG, ORDENTLICH, SYSTEMATISCH UND ANSPRUCHSVOLL ... WER WÄRE **SO** NICHT VERHASST IN EINEM DERART KORRUMPIERTEN HAUFEN WIE DER STOLZEN BÜROKRATIE?
VERDAMMT! AUSSERDEM NOCH EHRLICH UND UNBESTECHLICH!
KOMMEN SIE MORGEN!
DESWEGEN UND WEGEN SEINER ENORMEN FÄHIGKEITEN - TROTZ ASTHMA - ERNENNT IHN PRÄSIDENT DORTICÓS (URRUTIA UND MIRÓ WAREN SCHON ZUM TEUFEL - ALSO NACH MIAMI - GEGANGEN) ZUM
INDUSTRIEMINISTER
MINISTER? ICH ??? ICH GLAUBE, FIDEL WILL MICH UMBRINGEN
CHE IST DAMALS 32 JAHRE ALT

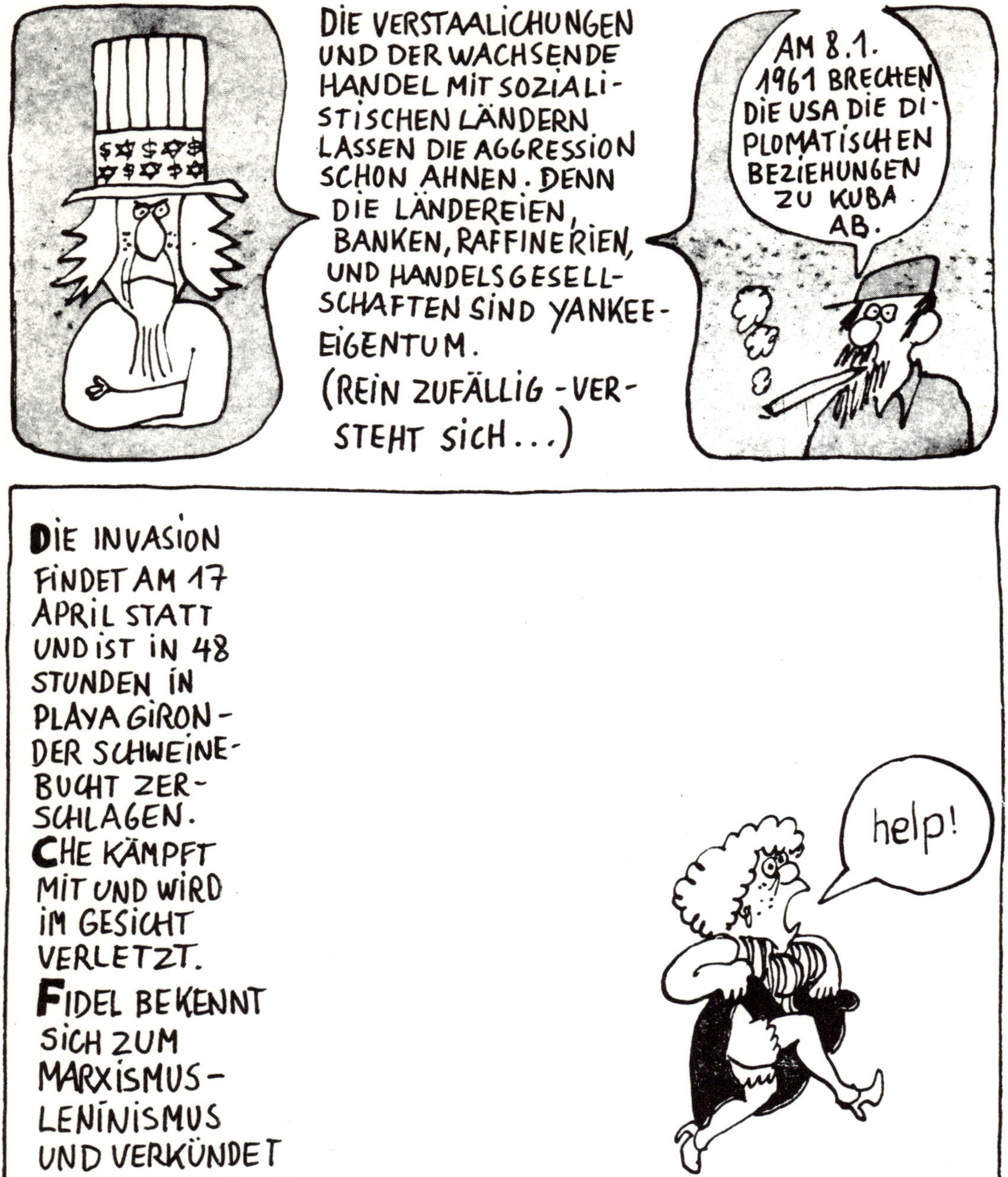
DIE VERSTAALICHUNGEN UND DER WACHSENDE HANDEL MIT SOZIALISTISCHEN LÄNDERN LASSEN DIE AGGRESSION SCHON AHNEN. DENN DIE LÄNDEREIEN, BANKEN, RAFFINERIEN, UND HANDELSGESELLSCHAFTEN SIND YANKEE-EIGENTUM.
(REIN ZUFÄLLIG - VERSTEHT SICH ...)
AM 8.1. 1961 BRECHEN DIE USA DIE DIPLOMATISCHEN BEZIEHUNGEN ZU KUBA AB.
DIE INVASION FINDET AM 17 APRIL STATT UND IST IN 48 STUNDEN IN PLAYA GIRON - DER SCHWEINEBUCHT ZERSCHLAGEN.
CHE KÄMPFT MIT UND WIRD IM GESICHT VERLETZT.
FIDEL BEKENNT SICH ZUM MARXISMUS-LENINISMUS UND VERKÜNDET ALLER WELT, DASS KUBA - OH SCHRECK LASS NACH! - AUF DEM WEG ZUM SOZIALISMUS SEI.
help!

JETZT ABER RAN: ARBEITEN WIE DIE NEGER, UM ZU LEBEN WIE DIE WEISSEN
CHE VERKÜNDET EINEN VIER-JAHRES-PLAN ZUR INDUSTIALISIERUNG. ÜBERALL AUF DER INSEL SOLLEN FABRIKEN GEBAUT WERDEN.
CHES WIRTSCHAFTSPOLITIK (ALS NEULING BEGING ER AUCH VERSCHIEDENE FEHLER) VERFOLGTE DIESE ZIELE:
Radikale Agrarreform
Verringerung der Zuckermonokultur
schwerer Fehler
Beschleunigte Industrialisierung
Beschränkung der Rohstoffimporte
Totale Verstaatlichung
zu überhastet
Devisensparsamkeit
Veränderung der Lohnstruktur
UND DAS WAR DER CASUS CNAXUS!

CHE FAND IN KUBA DAS TYPISCH KAPITALISTISCHE PHÄNOMEN VOR: DIE BESCHRÄNKUNG DES GEWERKSCHAFTLICHEN KAMPFES AUF REIN ÖKONOMISCHE ZIELE: LOHNERHÖHUNGEN...

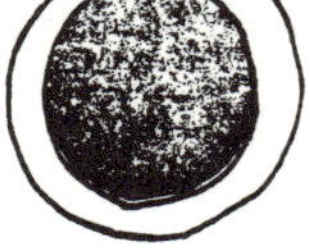

SO FANDEN DIE BÄRTIGEN EINE UNGEHEURE LOHNUNGLEICHHEIT VOR: ENORME VERDIENSTE IN EINEM BETRIEB – HUNGERLÖHNE IM NÄCHSTEN.

ABER VOR ALLEM WOLLTE CHE DEN ARBEITERN EIN VÖLLIG NEUES ARBEITSBEWUSSTSEIN GEBEN, DAS SIE ZUR ARBEIT MOTIVIEREN SOLLTE STATT "MATERIELLER" ANREIZE. SCHWIERIG, SCHWIERIG...

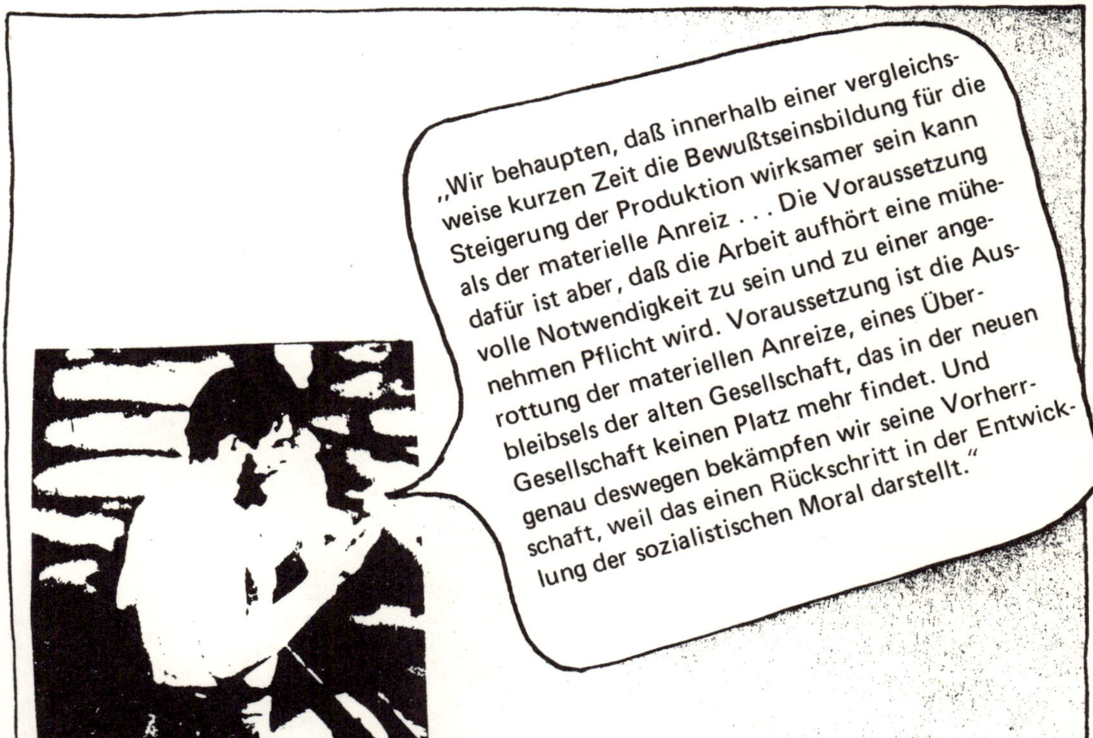

DENN EIN VERSPIELTES VOLK VOLLER SCHLECHTER ANGEWOHNHEITEN WIE DAS KUBANISCHE FÜR DIE ARBEIT ZU ORGANISIEREN UND ZU MOTIVIEREN, DAS WAR SCHON EIN TITANENWERK...

UND – BITTSCHÖN – NICHT VERGESSEN, DASS ES IN KUBA KAUM NOCH TECHNIKER UND FACHARBEITER GAB, KEINE INDUSTRIEPLÄNE, TECHNOLOGIE ODER ERSATZTEILE.

VON DER THEORIE ZUR PRAXIS ÜBERGEHEN; LEISTUNG ERZIELEN OHNE DEN ARBEITER AUSZUBEUTEN; DIE FAULENZEREI, DAS BLAUMACHEN, DAS KRANKFEIERN BEENDEN; NEUE TECHNIKER AUSBILDEN, NEUE LEITER AUF IHRE AUFGABEN VORBEREITEN UND DIE FABRIKEN OHNE DIE GRINGOS IN SCHWUNG HALTEN – DAS WAR DER GIGANTISCHE AUFTRAG, DEN CHE ERHIELT...

"Trabajador voluntario"

UM DIESE ARBEITSMORAL ZU SCHAFFEN, STELLTE SICH CHE AN DIE SPITZE DER FREIWILLIGEN ARBEITSEINSÄTZE - EIN MERKWÜRDIGER MINISTER. NACH SEINEN WORTEN WAR DAS

ER STELLTE "ROTE BATAILLONE DER FREIWILLIGEN ARBEIT" AUF, MACHTE BEIM ZUCKERROHRSCHNEIDEN MIT UND - WIE EIN NORMALER MAURER - AM BAU VON ARBEITERWOHNUNGEN. CHE NAHM AUCH AN DEN STUDIENZIRKELN DER ARBEITER BILDUNG TEIL...

IM AUGUST 1961 REIST CHE NACH PUNTA DEL ESTE, URUGUAY, WO ER KUBA IM WIRTSCHAFTS- UND SOZIALRAT DER OAS (NOCH SO EIN WINDEI) REPRÄSENTIERTE

Amerika tanzt nicht den Cha Cha Cha des Che Che Che

Manchmal großsprecherisch und auffällig, dann wieder entgegenkommend und sanft, eroberte der bärtige Delegierte die Bewunderung einiger Damen auf der Konferenz. Jedoch nicht alle waren von ihm eingenommen. Einer der Delegierten taufte den Auftritt Guevaras als diplomatischen Tanz des „Che, Che, Che". Und als dieser aus Versehen in die Damen-Toilette hineinging, bemerkte ein junger Uruguayer, daß er Cantinflas (mexikanischer Komiker, der Übers.) ähnelte. Die Unbeholfenheit Guevaras gab Anlaß für Gelächter in Kreisen, in denen er sich nicht großer Sympathien erfreut. Aber mehrere kubanische Flüchtlinge äußerten ihre Mißbilligung in noch heftigerer Weise und mußten mit Gewalt entfernt werden. Trotz seiner Angriffe gegen die Absichten der USA, die Allianz zu fördern, fragte Guevara mehrfach, ob Kuba das Recht habe, Finanzmittel von der Allianz zu bekommen. Die Delegierten wußten jedoch, daß er die drohende sowjetische Durchdringung und Beherrschung in Amerika verkörperte und antworteten mit einem klaren „Nein". Nachdem sie die Charta von Punta del Este unterzeichnet hatten, gingen die Delegierten zufrieden mit ihrer Arbeit auseinander. Auf dem Weg nach Kuba entdeckte Guevara, daß die nationalisierte Wirtschaft der Insel in Schwierigkeiten war und daß man gerne mit den USA über die Wiederaufnahme des Warenverkehrs verhandeln würde. Offenbar erwies sich die Hilfe des Sowjetblocks nicht als ausreichend oder angemessen. Trotzdem, so bemerkte Guevara, müssen die Verhandlungen „wie unter Feinden" durchgeführt werden.

ER HÄLT DORT ZWEI BERÜHMTE REDEN DIE SPÄTER "CHES PROPHEZEIHUNG" GENANNT WURDEN. DARIN SAGT ER DAS SCHEITERN DER KENNEDY-"ALLIANZ FÜR DEN FORTSCHRITT" VORAUS UND ANALYSIERT DEN YANKEE-KAPITALISMUS. DANN REIST ER -HEIMLICH- IN SEIN ARGENTINIEN, WO ER PRÄSIDENT FRONDIZI TRIFFT, SPÄTER NACH BRASILIEN, WO IHN PRÄSIDENT JANIO QUADROS ÖFFENTLICH AUSZEICHNET...

"DIESES ETWAS, DAS WIR EROBERN MÜSSEN, IST DIE UNABHÄNGIGKEIT DES LANDES. MAN MUSS SIE DIESEM JEMAND ENTREISSEN, DER MONOPOL GENANNT WIRD. AUCH WENN MONOPOLE KEINE HEIMAT HABEN, SO WEISEN SIE DOCH EINEN GEMEINSAMEN NENNER AUF: SIE HABEN ENGE VERBINDUNGEN ZU DEN VEREINIGTEN STAATEN VON NORDAMERIKA."

1962 NEHMEN DIE USA DIE EXISTENZ SOWJETISCHER RAKETEN IN KUBA ZUM ANLASS, EINE SEEBLOCKADE ZU VERHÄNGEN. CHRUSCHTSCHOW BESCHLIESST DEN RÜCKZUG, ALS DIE GRINGOS ZUSICHERN, KUBA NICHT MEHR ZU ÜBERFALLEN.

1962 1963 1964

WAREN JAHRE INTENSIVER ARBEIT FÜR DEN CHE UND ALLE KUBANER.

ES GING DARUM, DIE WIRTSCHAFT, DIE PARTEI UND DIE MASSEN-ORGANISATIONEN AUFZUBAUEN.

IM JULI 1963 REIST CHE NACH ALGERIEN ZU EINEM SEMINAR ÜBER PLANUNG.

NACH SEINER RÜCKKEHR BEGINNT EINE LANGE POLEMIK INNERHALB DER REGIERUNG UND UNTER DEN FUNKTIONÄREN ÜBER DEN IN DER WIRTSCHAFT EINGESCHLAGENEN WEG. SIND DIE ALTKOMMUNISTEN MIT CHES ORIENTIERUNG NICHT EINVERSTANDEN ...?

In Liebesdingen etc. war Che trotz seiner Beliebtheit bei Frauen ganz schön schüchtern

Wie man sich denken kann, nahmen die Guerrilleros ihre Frauen nicht in die Sierra Maestra mit. Hilda blieb mit Tochter Hildita bis zum Sieg der Bärtigen in Mexiko. Am 21. Januar 1959 kommt Hilda Gadea de Guevara mit ihrer kleinen Tochter in Havanna an, trifft den Che wieder und...

(Lassen wir doch Hilda selbst erzählen)

„Mit meiner kleinen Tochter traf ich am 21. Januar 1959 in Havanna ein. Mit seiner gewohnten Offenheit erzählte Ernesto mir, daß er während des Kampfes in Santa Clara eine andere Frau kennengelernt hatte. Mit großem Schmerz meinerseits und im beiderseitigen Einverständnis beschlossen wir, uns zu trennen.“

„Anfangs lehnte er den Gedanken an Scheidung ab, aber meiner Ansicht nach gab es keine andere Lösung. Die Scheidung wurde am 22. Mai 1959 ausgesprochen – er heiratete erneut am 2. Juni.“

Hilda Gadea: „Che Guevara: Entscheidende Jahre“, Aguilar-Verlag/ 1972

MAN KANN SICH KAUM VORSTELLEN, WIE CHE EIN EHELEBEN FÜHREN SOLL...
IN DER TAT SIND FAST ALLE EHEN DER REVOLUTIONÄRE MISSERFOLGE: SIE LEBTEN FÜR DIE REVOLUTION UND VERSUCHTEN GLEICHZEITIG EIN NORMALES FAMILIENLEBEN ZU FÜHREN. FAST KEINER SCHAFFTE DAS...

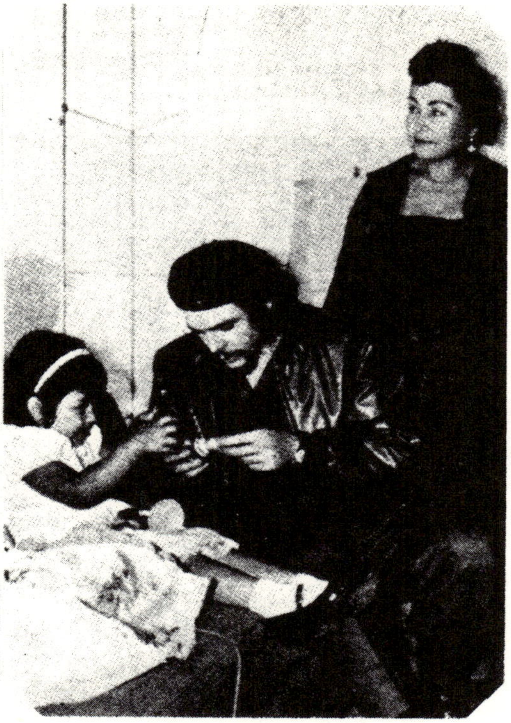

Mit seinem Töchterchen Hildita und seiner ersten Frau, der Peruanerin Hilda Gadea

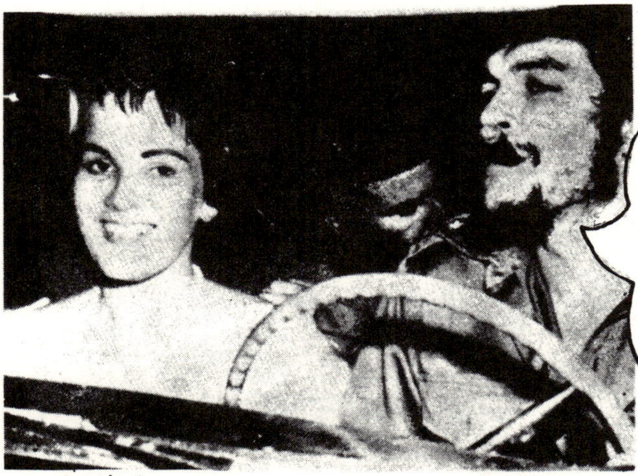

ALEIDA

„. . . die Führer der Revolution haben Kinder, die es während ihrer ersten Plappereien nicht lernen, den Vater beim Namen zu nennen; sie haben Frauen, die sich in die andauernde Selbstlosigkeit ihres Lebens einfügen müssen, um die Revolution an ihr Ziel zu bringen: Ein Leben losgelöst von der Revolution gibt es nicht . . ."

MIT ALEIDA HAT CHE VIER KINDER, DIE ER WIE EIN VERRÜCKTER LIEBT

ABER WIR WAREN BEI MEINUNGSVERSCHIEDEN-HEITEN, DIE CHE MIT DEN KUBANISCHEN ALT-KOMMUNISTEN HATTE
GENAU! SCHLUSS JETZT MIT RÜHRSELIG-KEITEN UND KLATSCH!
IN DEN AUGEN EINIGER KUBANER WAR CHE NUR EIN FREM-DER - EIN AUSLÄN-DISCHER ABEN-TEURER ...
WEIL ER VOR DE GUERRILLA KEINE POLITISCHE KAMPF-ERFAHRUNG HATTE, BETRACH TETEN IHN DIE ALTEN KOMMU-NISTEN MIT MISSTRAUEN UND EINER GEWISSEN GERING-SCHÄTZUNG WEGEN SEINER UNKENNTNIS DES MARXISMUS
ICH KAM ZU MARX OHNE DURCH DIE PARTEI ZU GEHEN...
UND WAS HEISST DAS ALLES?
DASS CHE IN DER FRAGE NACH DER LINIE NICHT GERADE EINIG WAR MIT DEN KUBANI-SCHEN KOMMU-NISTEN...
...WAS DIE ÖKONOMIE BE-TRAF. ODER ANDERS: ER HAT HIER EINE ANDERE MEINUNG ALS DIE SOWJETS.
AUF DEREN LINIE DIE KUBA-NISCHEN KOM-MUNISTEN SIND...

(DIES IST WIRKLICH KEIN BUCH, IN DAS EINE ERNSTHAFTE DISKUSSION VERSCHIEDENER THEORIEN DER SOZIALISTISCHEN ÖKONOMIE HINEINPASST. DESWEGEN HIER NUR GANZ KURZ ...)

MIT DEM RISIKO, EINEN BOCK ZU SCHIESSEN, SAGEN WIR MAL, DASS CHE MEHR ZUM CHINESISCHEN MODELL DES SOZIALISMUS NEIGTE, WAS DIE BETONUNG DER ANWENDUNG MORALICHER ANREIZE UND EIN EINHEITLICHES HAUSHALTSFINANZIERUNGSSYSTEMS (SCHLUCK!) BETRAF, DAS IM SOWJETISCHEN SYSTEM WIEDERUM AUF SELBSTVERWALTUNG UND WIRTSCHAFTLICHKEITSRECHNUNG GEGRÜNDET IST.

(GANZ SCHÖN KOMPLIZIERT, WIE MAN SIEHT)

ZWISCHEN CHE UND DEN SOWJETISCHEN GENOSSEN KOMMT ES ZU MEINUNGSVERSCHIEDENHEITEN, ABER KEINEN SCHWEREN. ES GIBT ANLASS ZU DISKUSSIONEN UND ZUM AUSTAUSCH VON SEITENHIEBEN – ABER AUCH NICHT MEHR...

DIE MEHR DAHINTER SEHEN, WISSEN NICHT, WAS SIE SAGEN: CHE LIEBTE DIE UdSSR

SCHLIESSLICH GEBEN DIE NACH, DIE NICHT EINVERSTANDEN SIND, UND DIE WIRTSCHAFT GEHT IHREN KUBANISCHEN WEG, WOBEI HIER UND DA UND AUCH DORT IDEEN UND ERFAHRUNGEN AUFGENOMMEN WERDEN...
MIT GROSSEN ERFOLGEN UND GROBEN FEHLERN
WIE IMMER BEI EINER JUNGEN REVOLUTION.
MIT ANDEREN WORTEN: IN KUBA FORMIEREN SICH GERADE ERST DIE PARTEI - MOTOR DER REVOLUTION - UND DIE KADER, DIE DEN AUFBAU DES SOZIALISMUS VORANTREIBEN SOLLEN.
IN DIESER SITUATION MUSSTE CHE ALSO MIT DER HÄSSLICHSTEN TANZEN - WIE MAN SO SCHÖN SAGT (UND ER MACHTE ES GUT) ...
WAS ?? DER CHE BEGING FEHLER ??? - NAJA, LENIN, FIDEL UND CHRISTUS AUCH... ABER DIE KUBANISCHE WIRTSCHAFT ENTWICKELTE SICH ... MEHR ODER WENIGER...

1965
CHE SCHEINT LANGSAM ZU KAPIEREN, DASS ER ALS WIRTSCHAFTLER KEINE BRILLANTE ZUKUNFT HAT, ZUMAL DIE KUBANISCHE ÖKONOMIE NICHT SO LÄUFT, WIE ER ES GERN HÄTTE... (ALLERDINGS OHNE SEINE SCHULD)
WENN DON QUIJOTE MARXISMUS GELERNT HÄTTE...
WAS TUN? NACH SEINEM BUENOS AIRES ZURÜCKKEHREN UND EINE PRAXIS AUFMACHEN?
NUR NOCH FOTOGRAFIEREN?
SEINE MEMOIREN SCHREIBEN?
IM JANUAR 1965 BEGINNT ER EINE LANGE REISE DURCH AFRIKA...
... WAS NICHTS MIT ÖKONOMIE ZU TUN HATTE...

CHE BESUCHT DEN KONGO, GUINEA, GHANA, DAHOMEY, ALGERIEN, TANSANIA UND KAIRO. IN ALGERIEN NIMMT ER AM II. AFRIKANISCHEN SOLIDARITÄTSSEMINAR TEIL UND LÄSST EINE REDE LOS, IN DER ER DEN SOWJETS -DIPLOMATISCH- VORWIRFT, DASS SIE NUR DEN VÖLKERN WAFFEN LIEFERN, DIE IN DER LAGE SIND, SIE ZU BEZAHLEN...

con Ben Bella ↓

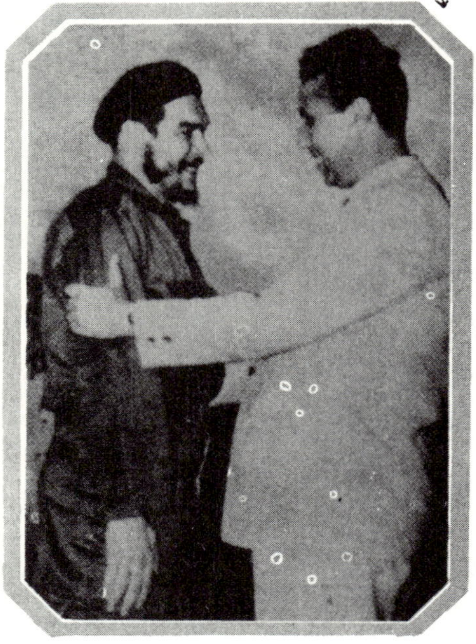

AM 14. MÄRZ KEHRT ER NACH HAVANNA ZURÜCK, WO ER ERST MAL 2 TAGE MIT FIDEL IN "KLAUSUR" GEHT. DANN SUCHT ER SEIN MINISTERIUM AUF, WO MAN EIN SONDERBARES VERHALTEN AN IHM FESTSTELLT:

MITTE APRIL IST CHE VERSCHWUNDEN
ER IST WEDER IM MINISTERIUM,
NOCH SCHNEIDET ER ZUCKERROHR...
"Das Einzige, was ich über Comandante Guevara sagen kann, ist, dass er sich stets dort befindet, wo es für die Revolution am nützlichsten ist, und dass die Beziehungen zwischen ihm und mir grossartig sind."
EINE LAWINE VON GERÜCHTEN ERSCHÜTTERT DIE WELT!
... DASS CHE SICH DOCH MIT FIDEL STRITT UND DER IHN TÖTETE...
... DASS CHE IN DER DOMINIKA-NISCHEN REPUBLIK GEFALLEN WAR...
... DASS CHE VERRÜCKT GEWORDEN WAR UND IN EINER KLINIK IN ME-XIKO FESTGEHALTEN WURDE...
... DASS DIE SOWJETS IHN NACH SIBIRIEN GESCHICKT HATTEN...
... DASS CHE ALS MÖNCH NACH SPANIEN GEGANGEN WAR...
... DASS EINE CASTRO-FEINDLI-CHE GRUPPE IHN IN DIE USA ENTFÜHRT HATTE...

DAS GERÜCHT MIT DEM GRÖSSTEN WAHRHEITSGEHALT GEHT DAVON AUS, DASS ER SICH IM JULI 1965 IM KONGO AUFHÄLT, WO ER MIT ANDEREN KUBA-NERN GEGEN TSCHOMBES SÖLD-NER KÄMPFT. BIS FIDEL AM 1. OKTOBER IM CHAPLIN-THEATER IN HAVANNA EINI-GE ABSCHIEDS-BRIEFE VON CHE VERLIEST: AN SEINE ELTERN, AN SEINE TOCHTER HILDA UND DEN DRITTEN AN IHN, FIDEL...
"In anderen Sierras dieser Welt wird meine bescheidene Hilfe gebraucht. Ich kann tun, was Dir versagt ist, denn Du trägst die Verant-wortung in Kuba, und des-halb ist die Stunde des Abschieds gekommen...
Als Mitarbeiter am Aufbau lasse ich hier meine grössten Hoff-nungen und die mir liebsten Men-schen. Ich lasse ein Volk zurück, das mich wie einen Sohn aufge-nommen hat. Das bereitet mir Schmerz.
BIS ZUM ENDGÜLTIGEN SIEG! VATERLAND ODER TOD!
CHE ZÄHLT ZU DIESER ZEIT 37 BENEIDENS-WERTE JAHRE...

NACH CHRISTLICHER ART EINES EINFACHEN EREMITEN HAT CHE ALLES AUFGEGEBEN, UM SEINER EWIGEN BRAUT ZU FOLGEN- DER LATEINAMERIKANISCHEN REVOLUTION

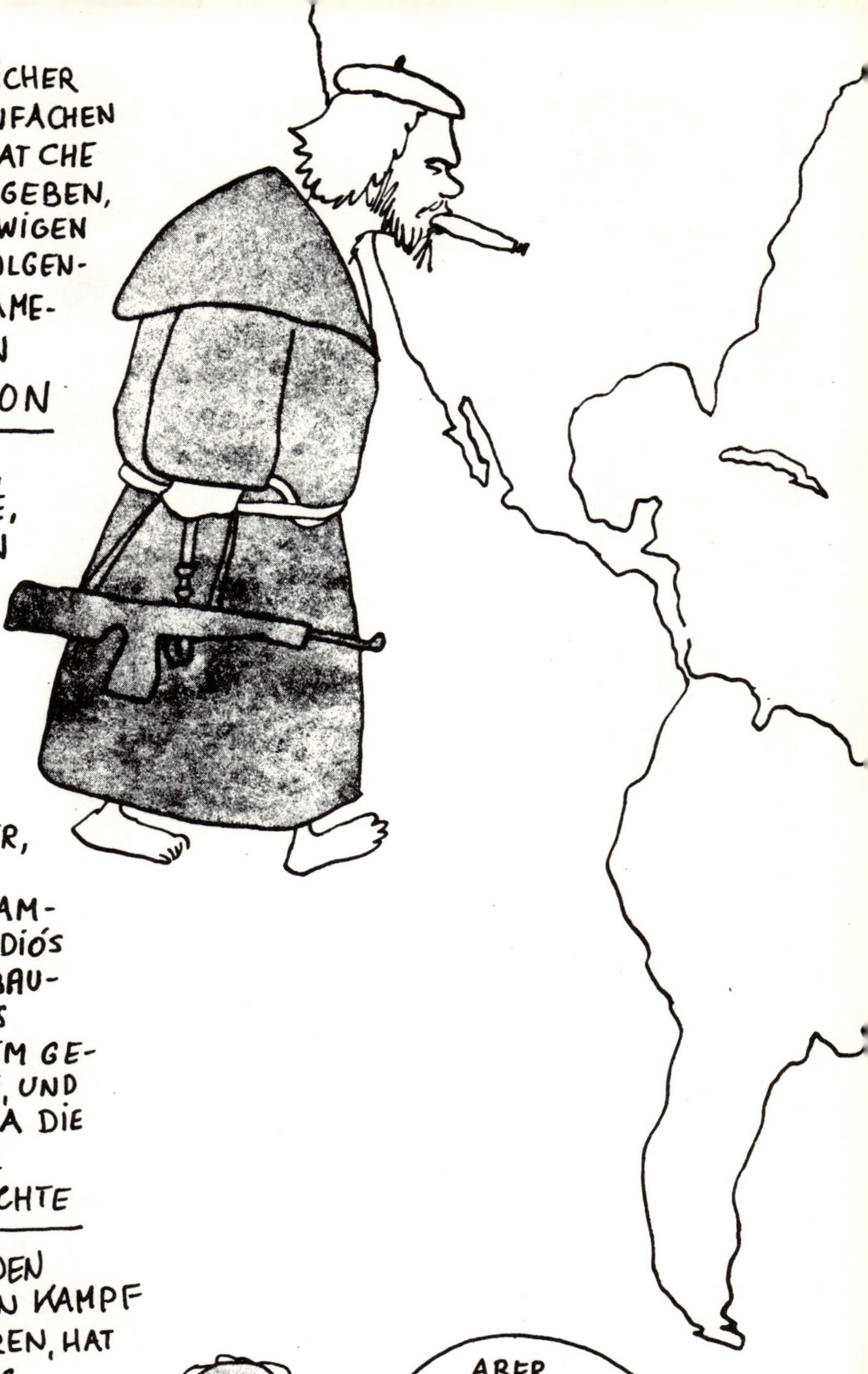

ADIÓS BERUF, RUHM, FAMILIE, VOLK, DAS IHN LIEBT, POSITION- ABER NICHT GLÜCK, DENN DAS HAT IHN NIE INTERESSIERT. ADIÓS MACHT, KINDER, GEFÄHRTIN, DIE DIE EINSAMKEIT TEILT. ADIÓS ALTES AUTO, BAUJAHR '56, DAS ER VON SEINEM GEHALT KAUFTE, UND WOMIT ALEIDA DIE KINDER ZUR SCHULE BRACHTE

UM WIEDER DEN BEWAFFNETEN KAMPF ZU TRAINIEREN, HAT CHE SICH ALS ÜBUNGSGELÄNDE DAS FRÜHERE BELGISCH-KONGO AUSGESUCHT

IM MÄRZ 1966 BEENDET CHE SEIN GUERRILLATRAINING UND VERLÄSST DEN KONGO. ER REIST ÜBER PARIS UND PRAG -WO ER MIT JUNGEN LEUTEN DER BOLIVIANISCHEN KP KONTAKT AUFNIMMT- UND STEUERT SEIN ENDGÜLTIGES ZIEL AN:

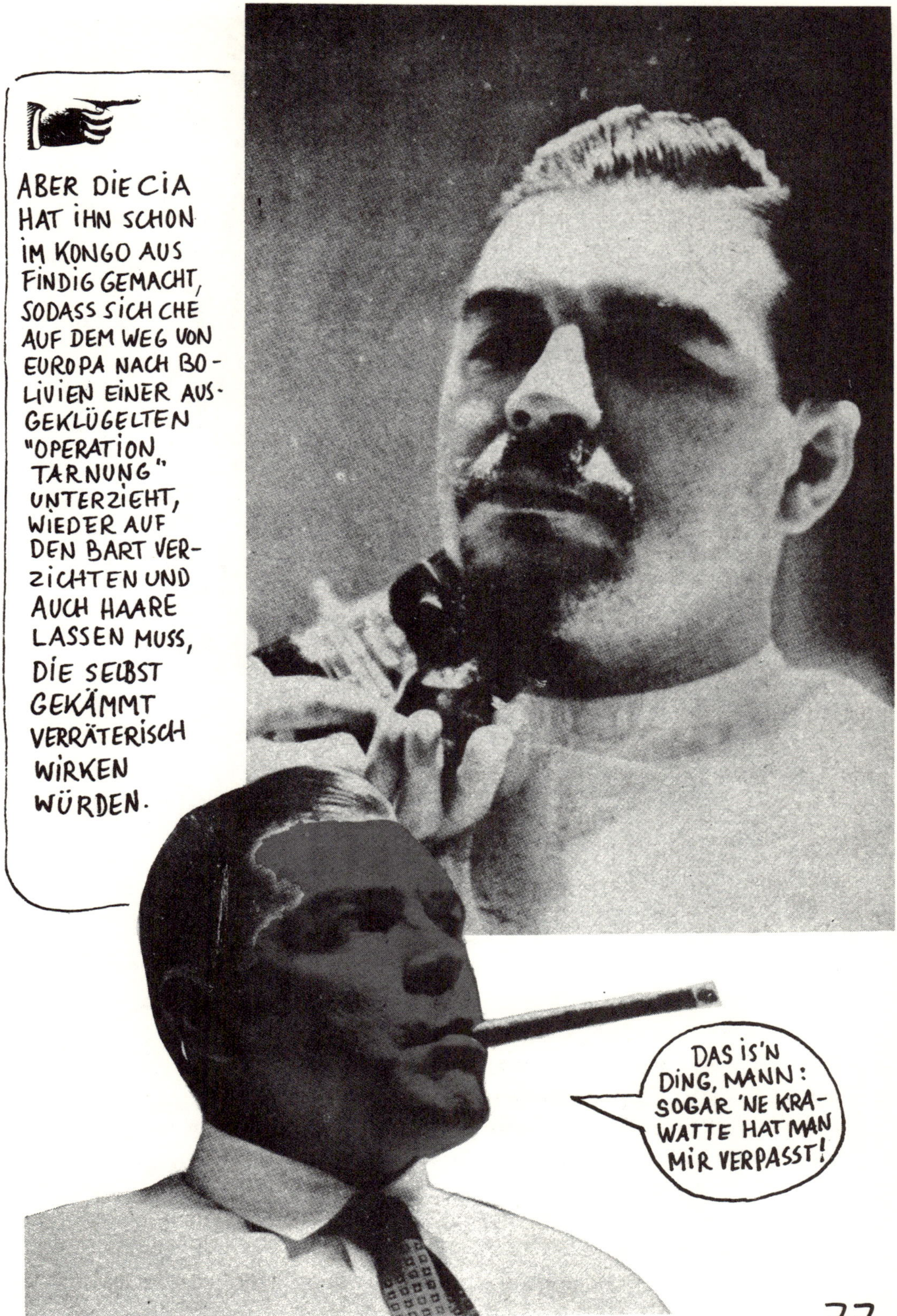
ABER DIE CIA HAT IHN SCHON IM KONGO AUS FINDIG GEMACHT, SODASS SICH CHE AUF DEM WEG VON EUROPA NACH BO-LIVIEN EINER AUS-GEKLÜGELTEN "OPERATION TARNUNG" UNTERZIEHT, WIEDER AUF DEN BART VER-ZICHTEN UND AUCH HAARE LASSEN MUSS, DIE SELBST GEKÄMMT VERRÄTERISCH WIRKEN WÜRDEN.
DAS IS'N DING, MANN: SOGAR 'NE KRA-WATTE HAT MAN MIR VERPASST!

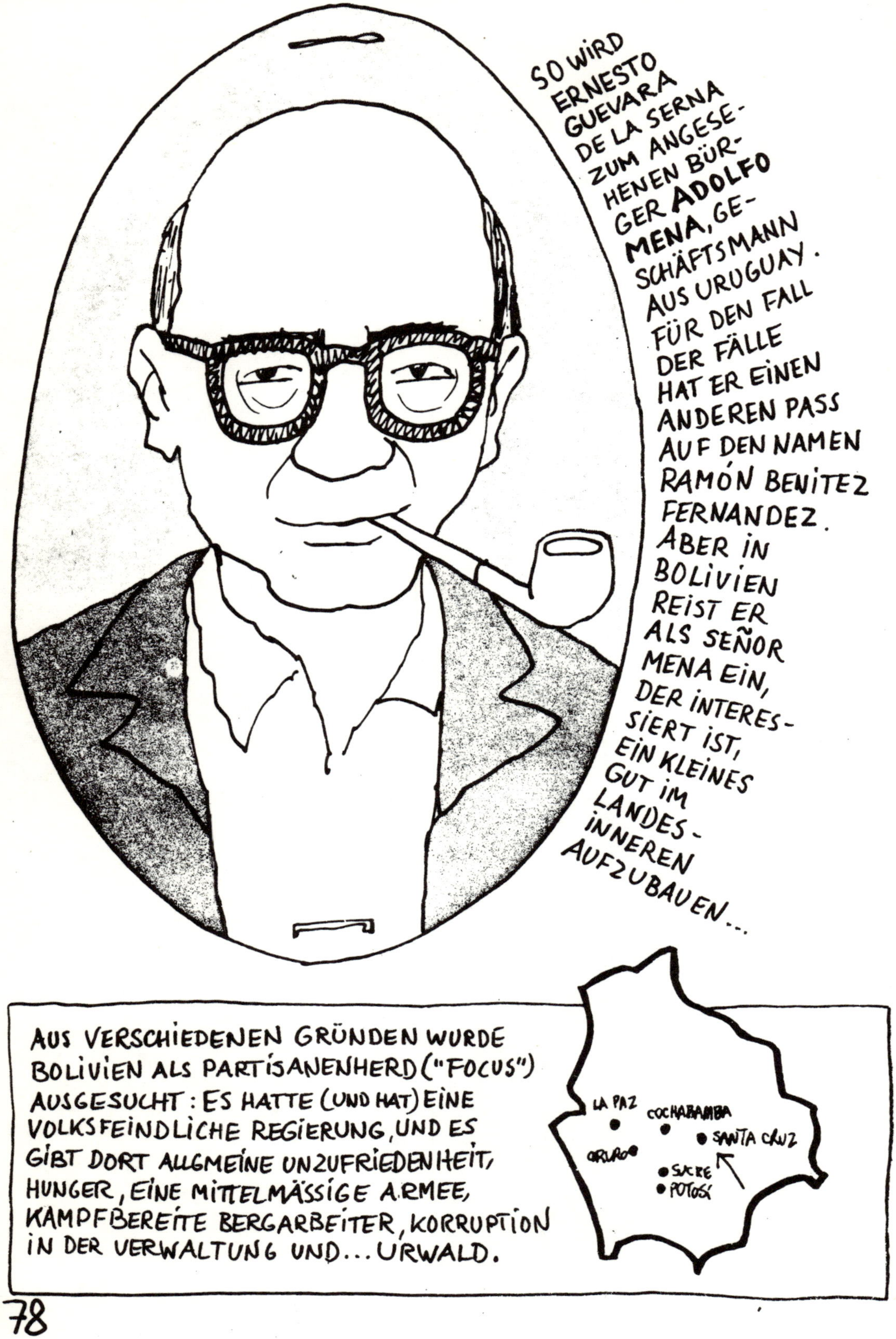
SO WIRD ERNESTO GUEVARA DE LA SERNA ZUM ANGESEHENEN BÜRGER **ADOLFO MENA**, GESCHÄFTSMANN AUS URUGUAY. FÜR DEN FALL DER FÄLLE HAT ER EINEN ANDEREN PASS AUF DEN NAMEN RAMÓN BENITEZ FERNANDEZ. ABER IN BOLIVIEN REIST ER ALS SEÑOR MENA EIN, DER INTERESSIERT IST, EIN KLEINES GUT IM LANDESINNEREN AUFZUBAUEN...
AUS VERSCHIEDENEN GRÜNDEN WURDE BOLIVIEN ALS PARTISANENHERD ("FOCUS") AUSGESUCHT: ES HATTE (UND HAT) EINE VOLKSFEINDLICHE REGIERUNG, UND ES GIBT DORT ALLGMEINE UNZUFRIEDENHEIT, HUNGER, EINE MITTELMÄSSIGE ARMEE, KAMPFBEREITE BERGARBEITER, KORRUPTION IN DER VERWALTUNG UND... URWALD.
LA PAZ
COCHABAMBA
SANTA CRUZ
ORURO
SUCRE
POTOSÍ

VENEZUELA
COLOMBIA
ECUADOR
BRASIL
PERU
BOLIVIA
PARAGUAY
URUGUAY
CHILE
ARGENTINA
DIE STRATEGISCHE LAGE BOLIVIENS, DAS AN FÜNF ANDERE LÄNDER GRENZT, MACHT ES ZUM IDEALEN AUSGANGSPUNT ZUKÜNFTIGER AKTIONEN VON GUERRILLAS, DIE ZUR "NATIONALEN BEFREIUNGSARMEE" FÜR LATEINAMERIKA GEHÖREN SOLLEN.
NACH DER BEFREIUNG BOLIVIENS - KLAR...
"Neue Keime des Befreiungskrieges werden in diesen und jenen Ländern Amerikas aufgehen und wachsen - trotz aller Wechselfälle, die diese gefährliche Aufgabe des modernen Revolutionärs in sich birgt..."
CHE.
BOTSCHAFT AN DIE TRIKONTINENTALE, 16. APRIL 1967

CHE GLAUBT AN EINE YANKEE-INTERVENTION IN BOLIVIEN, DIE ZUM VOLKSKRIEG GEGEN DIE BLAUÄUGIGEN INVASOREN FÜHREN WIRD...
Zwei, drei ... viele Vietnam schaffen, ist die Losung
AUS STRATEGISCHER SICHT EIN MEISTERHAFTER PLAN
ABER...
... NIE GEHT'S OHNE IMPONDERABILIEN, NIE OHNE PECH...

AUGUST 1966:
CHE TRIFFT IN BOLIVIEN EIN, WO SICH SCHON ETWA ZEHN KUBANER AUFHALTEN, AUCH SIE GETARNT MIT FALSCHER IDENTITÄT (ALLES ERFAHRENE KÄMPFER DER SIERRA)

OKTOBER 1966:
MIT RUND 15 BOLIVIANERN WIRD EINE GRUPPE GEBILDET, DIE BEI SANTA CRUZ ZUR TARNUNG EINEN BAUERNHOF KAUFT. DIE KP BOLIVIENS SYMPATHISIERT NICHT MIT DER IDEE EINER GUERRILLA

NOVEMBER 1966:
CHE ERREICHT DIE HAZIENDA UND BEREITET SEINE AKTIVITÄTEN VOR. AM SELBEN TAG BEGINNT ER SEIN BERÜHMTES TAGEBUCH.

Heute beginnt eine neue Etappe. In der Nacht kamen wir auf der Finca an. Die Fahrt war ziemlich gut. Pachungo und ich stellten die Kontakte her, nachdem wir entsprechend verkleidet über Cochabamba eingereist waren. Mit zwei Jeeps fuhren wir zwei Tage lang.

Als wir in die Nähe der Finca kamen, hielten wir. Nur ein Fahrzeug näherte sich, um nicht den Verdacht eines benachbarten Landbesitzers zu erregen, der davon quasselte, unser Unternehmen sei eine Kokainfabrik. Kuriose Anmerkung: Den unbeschreiblichen Tumaini hält er für den Chef-Chemiker der Gruppe. Als wir den Weg zur Finca fortsetzen...

LAGO TITICACA
LA PAZ
COCHABAMBA
SANTA CRUZ
ORURO
ÑANCAHUAZÚ
DIE WEITERE LEKTÜRE VON CHES BOLIVIANISCHEN TAGEBUCH ZEIGT, WAS DAS TRAGIKOMISCHE LEBEN EINER GUERILLA AUSMACHT: VERRAT, MUTLOSIGKEIT, FREUDE, STREIT UND TOTE.
DIE ERSTEN MONATE DIENEN DER AUSBILDUNG UND DER GEBIETSERKUNDUNG. ES KOMMEN WEITERE GUERRILLEROS AN...
ZU EINEM BESTIMMTEN ZEITPUNKT WERDEN ES 44 SEIN: 22 BOLIVIANER, 17 KUBANER, 3 PERUANER UND 2 ARGENTINIER.

BIS MÄRZ IST ES NOCH ZU KEINER FEINDBERÜHRUNG GEKOMMEN. (ABER ES GIBT SCHON ZWEI TOTE – DURCH ERTRINKEN.) UNTERDESSEN SIND REGIS DEBRAY UND CIRO BUSTOS ZU BESUCH GEKOMMEN.
ABER DIE BEIDEN WERDEN BEI IHRER RÜCKKEHR VON DER POLIZEI ENTDECKT UND FESTGENOMMEN. SIE HABEN WICHTIGE PAPIERE BEI SICH, UND SCHON WEISS MAN ÜBER CHE BESCHEID*
* UNTER DER FOLTER PACKEN DEBRAY UND BUSTOS AUS
AM 11. APRIL SPÜRT DIE BOLIVIANISCHE ARMEE DAS GUERRILLA-CAMP AUF UND FINDET EIN FOTO VON CHE. DIE CIA WIRD BENACHRICHTIGT UND BEGINNT ENTSPRECHENDE AKTIVITÄTEN IN BOLIVIEN ...
ICH WÜRGE ALLES AB!

CIA
SO UND DURCH ZWEI DESERTEURE ERFAHREN DIE USA VOM AUFENTHALT DES BERÜHMTESTEN GUERRILLEROS IN BOLIVIEN. DER BEFEHL LAUTET, IHN SOFORT ZU TÖTEN.
DIE DESERTEURE BARRERA UND ROCABADO INFORMIEREN DIE BOLIVIANISCHE ARMEE ÜBER ALLES, WAS MIT CHE ZUSAMMENHÄNGT
IM APRIL BEGINNT DIE ARMEE MIT DER JAGD AUF DIE GUERILLA. SIE HAT ÜBER 2.000 SOLDATEN, GRINGO-INSTRUKTEURE, DIE AUF DEN ANTI-GUERRILLALLAKAMPF SPEZIALISIERTSIND, UND CIA-AGENTEN...
DIE GUERRILLA VERLÄSST DAS CAMP UND MARSCHIERT INS UNGEWISSE

RECOMPENSA

Se ofrece la suma de 50.000.- Pesos bolivianos (Cincuenta millones de bolivianos), a quién entregue vivo o muerto, (Preferiblemente vivo), al guerrillero Ernesto "Che" Guevara, de quién se sabe con certeza de que se encuentra en territorio boliviano.*

1
DIE GUERRILLA WURDE IN DER AUFBAUPHASE ENTDECKT, ALS SIE AUF ZUSAMMENSTÖSSE MIT DER ARMEE NOCH NICHT GENÜGEND VORBEREITET WAR...
2
BOLIVIEN IST NICHT KUBA UND DIE BOLIVIANISCHEN BAUERN WAREN IN GEWISSER HINSICHT DAS GEGENTEIL DER KUBANISCHEN – WAS CHE ÜBERRASCHTE ...
3
DIE INTERVENTION DER "GREEN BERETS" DER CIA GEGEN DIE NOCH SCHWACHE GUERRILLA WAR NICHT EINKALKULIERT
4
DIE FEHLENDE UNTERSTÜTZUNG DURCH DIE KP BOLIVIENS VERHINDERTE DIE VERBINDUNG DER GUERRILLA ZUR STADT. CHE BLIEB ISOLIERT...
Was soll man machen – das Ding ist gelaufen...
5
IN BOLIVIEN HERRSCHTE KEINE REVOLUTIONÄRE SITUATION: ES GAB KEINE DIKTATUR WIE DIE BATISTAS UND AUCH KEINE BEWEGUNG WIE DIE DES 26. JULI ...

- DIE TRUPPEN VERFOLGEN SIE
- KEIN KONTAKT MIT KUBA
- KEIN KONTAKT MIT DER HAUPTSTADT LA PAZ
- KEINE ZUSAMMENARBEIT MIT DEN BAUERN
- VIELE SIND KRANK
- ES FEHLEN LEBENSMITTEL
- DAS ASTHMA QUÄLT IHN
- DIE MORAL IST GESUNKEN
- DIE GUERRILLA HAT SICH IN ZWEI GRUPPEN GETEILT. EINE WIRD VERNICHTET

IN SEINEM TAGEBUCH FASST CHE DIE SITUATION ZUSAMMEN

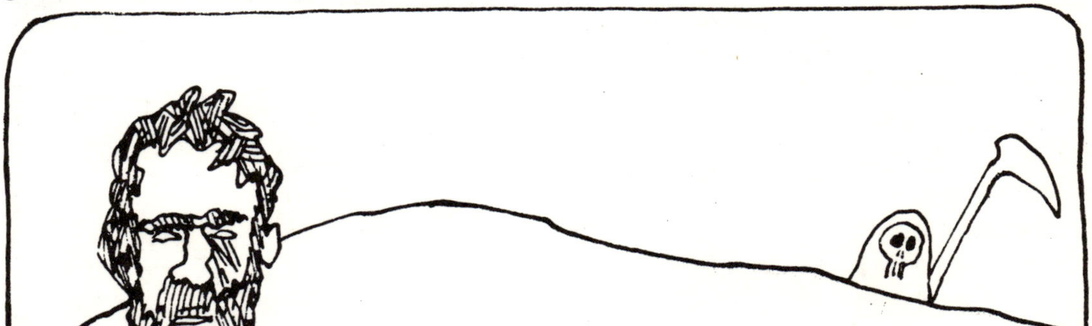

AM 31. AUGUST
BEKOMMEN DIE
SOLDATEN EINEN
TIP: DIE GUERRI-
LLEROS KOMMEN
AN DIESEM TAG ZUM
HAUS DES BAUERN
HONORAT ROJAS,
DER SIE ZUR YESO-
FURT FÜHREN
SOLL, ZUR ÜBER-
QUERUNG DES
MASICURI
→ (ÜBRIGENS HATTE
CHE MONATE ZUVOR
DIE KINDER VON RO-
JAS ÄRZTLICH BE-
HANDELT)

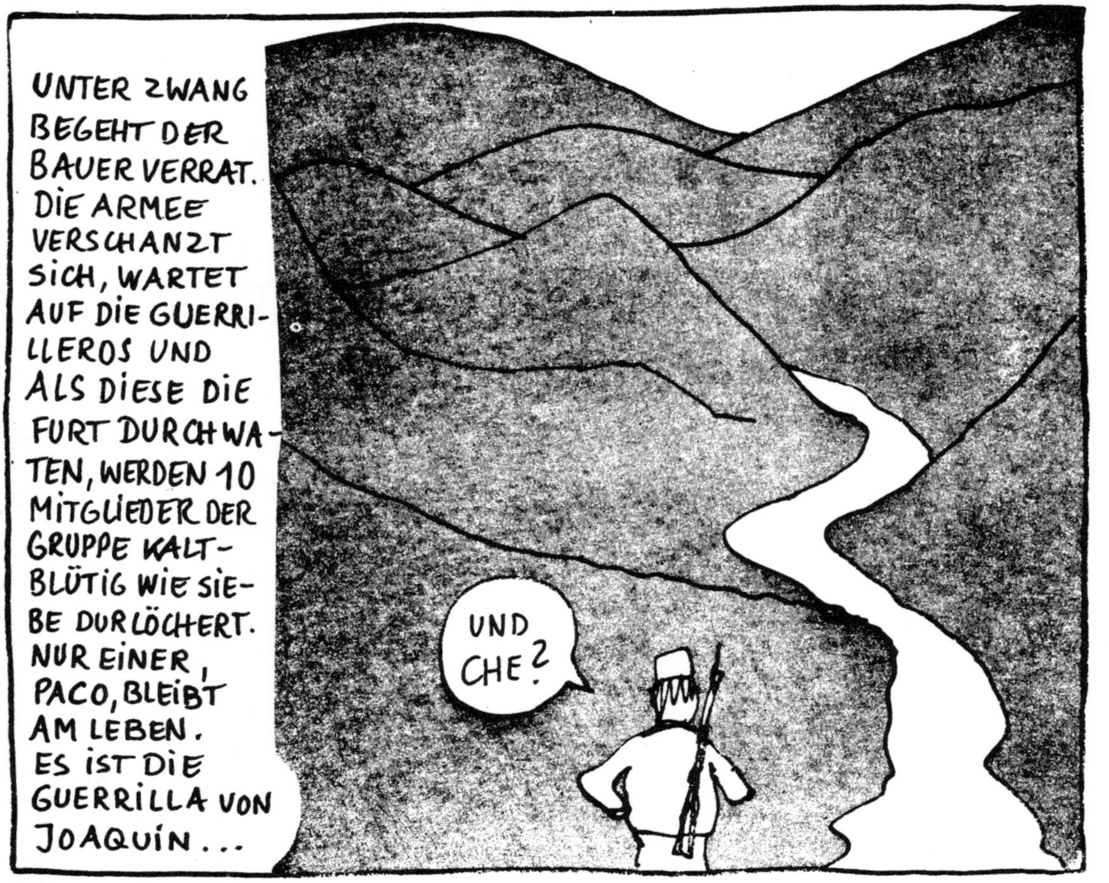

NACH DEN ANGABEN AUS CHES TAGEBUCH UND DENEN DES BOLIVIANISCHEN JOURNALISTEN JOSÉ LUIS ALCAZAR (DER DIE ARMEE BEGLEITETE) KÖNNEN WIR DEN WEG DER GUERRILLA AUF IHRER VERGEBLICHEN FLUCHT AUS DER UMZINGELUNG VERFOLGEN:

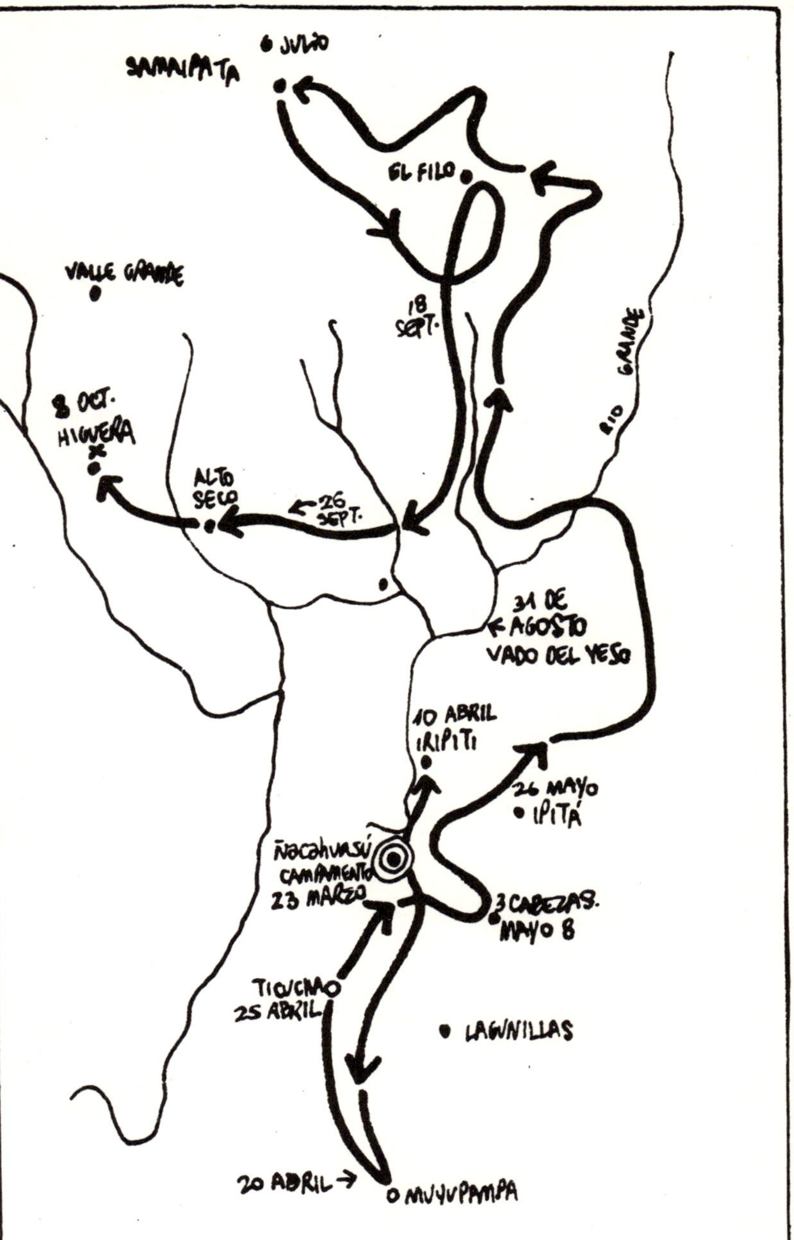

NICHT VERGESSEN DIE GUERILLA HATTE SICH GETEILT IN DIE VON CHE UND IN JOAQUINS...

23. März
Die Guerilla legt den Streitkräften einen Hinterhalt. Sieben Soldaten werden getötet, vier verletzt, zehn gefangengenommen.

10. April
Zusammenstoß mit der Armee in Iripiti. Zehn Soldaten werden getötet, sechs verletzt. Rubio, ein kubanischer Guerrillero, fällt.

20. April
Um die Armee zu täuschen steigen sie nach Muyupampa runter, wo Debray und Bustos bleiben. Diese werden gefangengenommen. Die Guerrilla ändert die Route.

25. April
Gefecht. Rolando (Kubaner) und zwei Soldaten fallen. Die Luftwaffe bombardiert das ganze Gebiet.

8. Mai
Ein neuer Zusammenstoß. Drei Tote bei der Armee und zehn Gefangene (alle werden in Unterhosen freigelassen). Alle Guerrilleros sind krank.

30. Mai
Hinterhalt gegen die Armee: drei Soldaten tot.

31. Mai
Ein weiterer Hinterhalt: zwei Soldaten tot.

26. Juni
Zusammenstoß mit der Armee. Vier Soldaten und ein Guerrillero fallen. Die Gruppe von Che besteht jetzt aus 24 Personen.

20. Juli
Hinterhalt durch die andere Gruppe gegen die Armee. Es fallen vier Soldaten und ein Guerrillero.

27. Juli
Zusammenstoß mit der Armee. Vier Tote.

30. Juli
Neuer Zusammenstoß. Der Guerrillero Raul fällt, drei weitere werden verletzt. Sieben Soldaten fallen, mehrere Verletzte. Es gibt keine Medikamente.

Che mit den Rojas-Kindern

25. August
Zusammenstoß mit der Armee, keine Verluste

31. August
Die Nachhut gerät in eine Falle. Joaquin, Tania, El Negro, Braulio, Alejandro, Moisés, Walter, Toro und Maimura fallen

26. September
Die Guerrilleros (Ches Gruppe) geraten in einen Hinterhalt. Miguel, Coco und Julio fallen. Camba desertiert und gerät in Gefangenschaft, ebenso León

6. Oktober
Die Gruppe befindet sich inmitten einer Schlucht und wird von Militär — 1800 Mann — umzingelt

8. Oktober
Benigno, einer der drei Überlebenden, erzählt von den Ereignissen im Hinterhalt von La Higuera, wo Che verwundet wird und in Gefangenschaft gerät:

Er berichtet, daß die Soldaten die Partisanen genau an diesem Ort aufspüren konnten, weil eine alte Frau und ein Bauer ihre Beobachtungen an sie weitergegeben hatten. Gegen 8.30 Uhr bemerkt der auf Erkundung geschickte Benigno, daß die Talniederung eingekesselt ist. Che befiehlt seinen Leuten, sich zu tarnen, um womöglich nach Einbruch der Dunkelheit die Einkreisung zu durchbrechen. Benigno befindet sich gemeinsam mit Inti und Dario in einem Versteck auf einer Anhöhe, als die Soldaten Aniceto bemerken und erschießen. Daraufhin beginnt gegen 13.30 Uhr der heftige Feuerwechsel. Die Schießerei dauerte bis zum Einbruch der Dämmerung. Benigno und die beiden anderen konnten von ihrem Standort aus nicht sehen, was in der Niederung geschah. Am Abend, als keine Schüsse mehr fielen, stiegen die drei hinab und trafen mit Pombo, Nato und Urbano zusammen. Gemeinsam stellen sie fest, daß Che verschwunden ist.

Am vereinbarten Treffpunkt finden sie verstreute Gegenstände und stellen fest, daß Che verletzt sein muß. Um zum zweiten, weiter entfernt gelegenen Treffpunkt zu kommen, durchbrechen sie die Einschließung. In einem Gebüsch, 600 bis 700 Meter von La Higuera entfernt, hören die Partisanen Schüsse. Nach Benignos Bericht die ersten um 9.30 Uhr, dann wieder zwischen 10.30 Uhr und 11.00 Uhr, kurz darauf gefolgt von weiteren Schüssen. Erst später erfahren sie, daß mit diesen Schüssen Willy, Chino und Che ermordet wurden.

UM 11 UHR 15 ENTSCHEIDET SICH DIE CIA FÜR DEN MORD AN CHE. MARIO TERÁN, BOLIVIANISCHER UNTEROFFIZIER BIETET SICH ALS HENKER AN UND DURCHSIEBT CHE AUS NÄCHSTER NÄHE. ALS ER SCHON MIT DEM TOD RINGT, SCHIESST IHN EIN ANDERER BOLIVIANER IN DEN HALS.

AM 9. OKTOBER 1967 UM 12 UHR STIRBT DER MANN DEN HELDENTOD, DER SEIN LEBEN FÜR DIE BEFREIUNG LATEINAMERIKAS GAB.

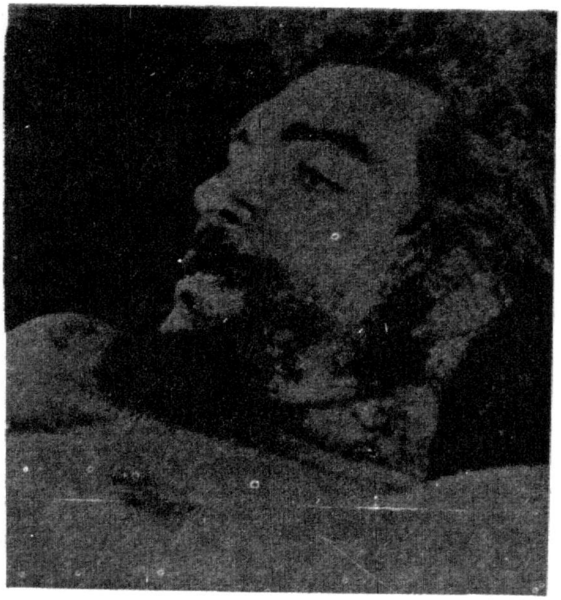

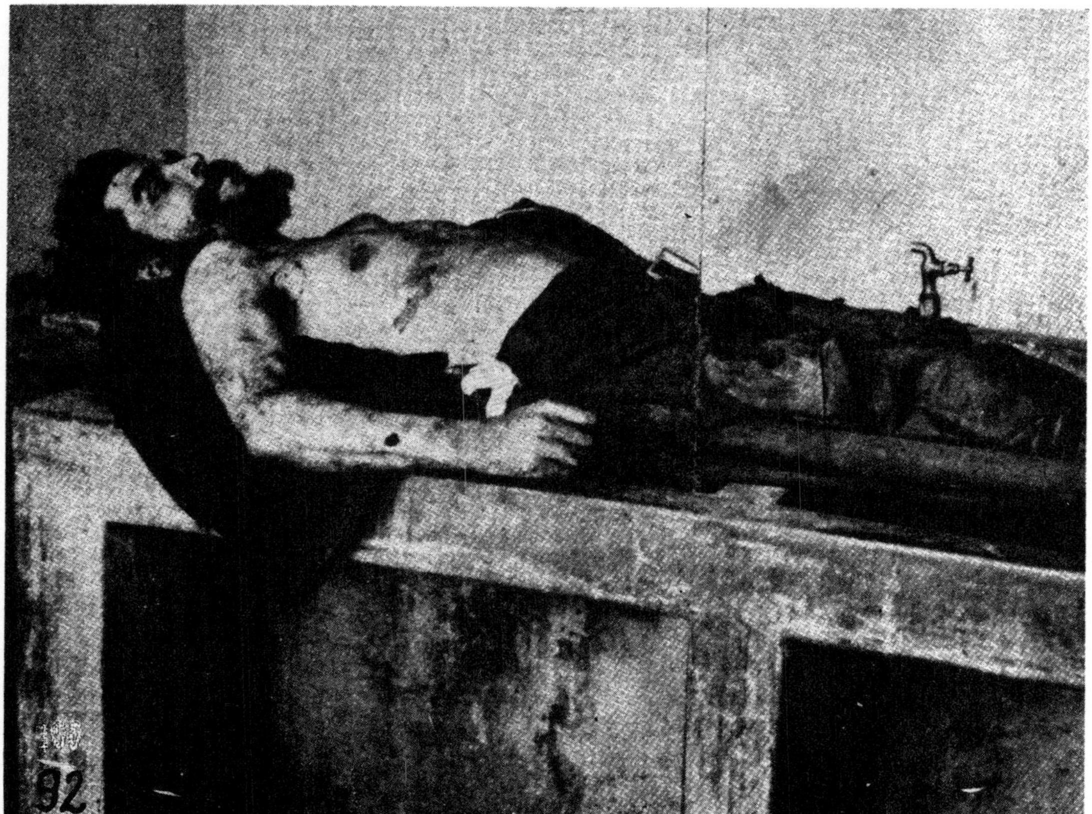

ANWESENDE ZEUGEN (ODER FAST) DES MORDES AN CHE WAREN ZWEI JOURNALISTEN, DER BOLIVIANER ALCAZAR UND DER FRANZOSE RAY. NACH IHREN AUSSAGEN WURDE CHE VERWUNDET GEFANGEN MIT EINEM KAPUTTEN GEWEHR ZUSAMMEN MIT WILLY (SIMÓN CUBA, BOLIVIANISCHER MINERO) ... ES IST 15 UHR 30

Major „Pappy" Shelton, Chef des Lagers La Esperanza, in dem Ranger ausgebildet wurden, spricht mit einem bolivianischen Offizier

SEINE MÖRDER AUF FOTOS DER ALTEN

LIFE

Major Gary Prado (links), der die Truppe befehligte, die Che gefangennahm. Hier mit einem seiner Soldaten in Valle Grande

Der bolivianische Unteroffizier Mario Terán, der sich freiwillig gemeldet hatte, bekam den Auftrag, Che in der kleinen Schule von Higuera zu ermorden.

"Ich meine, dass dieser Mann nicht nur ein Intellektueller war, sondern der vollkommenste Mensch unserer Epoche..."
Jean Paul Sartre
IN BOLIVIEN STARB IM KAMPF - WIE VON IHM GEWOLLT - DER MANN, DER MIT SEINEM BEISPIEL, MIT SEINEM LEBEN, MIT SEINEN SCHRIFTEN DEN NEUEN MENSCHEN ZU SCHAFFEN SUCHTE EIN MANN, DER SEINE IDEEN MIT DER WAFFE VERTEIDIGTE UND SEINE THEORIEN DURCH SEIN HANDELN. DER VOLLKOMMENSTE MENSCH UNSERER EPOCHE...
HASTA LA VICTORIA SIEMPRE, CHE!

Bibliographie

zusammengestellt von Horst-Eckart Gross

Monografien und Aufsätze von Ernesto Che Guevara, die in deutscher Sprache veröffentlicht wurden:

Aufzeichnungen aus dem kubanischen Befreiungskrieg 1956–1959, Reinbek 1969 (Rowohlt Paperback, Bd. 71)

Bolivianisches Tagebuch, München 1971 (Trikont Verlag)

Botschaft an die Völker der Welt, München 1967 (Trikont Verlag)
auch erschienen in „Neue Kritik" 42/43, August 1967
auch erschienen unter dem Titel „Schaffen wir zwei, drei, viele Vietnams" Berlin (West) 1968 (Oberbaum Verlag)
auch erschienen in Feltrinelli, G (Hrsg.), Lateinamerika – ein zweites Vietnam? Reinbek 1968 (Rowohlt Paperback, Bd. 66)

Episoden aus dem Befreiungskrieg, Frankfurt 1979 (Röderberg Verlag)

Mensch und Sozialismus auf Kuba, in: Feltrinelli, G. (Hrsg.), Lateinamerika – ein zweites Vietnam? Reinbek 1968 (Rowohlt Paperback, Bd. 66)

Der Partisanenkrieg, Berlin (DDR) 1962, (Militärverlag)/Berlin (West) Rixdorfer Verlagsanstalt

Partisanenkrieg – eine Methode, in: Feltrinelli, G. (Hrsg.), Lateinamerika – ein zweites Vietnam? Reinbek 1968 (Rowohlt Paperback, Bd. 66)

Taktik und Strategie der lateinamerikanischen Revolution, in: Frank/Guevara/Marini/Vitale u.a. Kritik des bürgerlichen Anti-Imperialismus, Berlin (West) 1969 (Wagenbach Verlag)

Hinweis: „Der Partisanenkrieg" ist eine umfangreichere Arbeit, während „Partisanenkrieg – eine Methode" ein Aufsatz aus der Zeitschrift „Cuba Socialista" ist.

Sammelbände

Guevara, Ernesto: Ökonomie und neues Bewußtsein, Berlin (West) 1969 (Wagenbach Verlag) (3 Aufsätze aus diesem Sammelband –
a) Über den Begriff des Wertes; b) Über das Budget-Finanzierungssystem und c) Die sozialistische Planung und ihre Bedeutung – sind auch erschienen in Bettelheim/Castro/Guevara/Mandel/Mora
Wertgesetz, Planung und Bewußtsein – die Planungsdebatte in Kuba, Frankfurt 1969 (Verlag Neue Kritik)

Guevara, Ernesto: Brandstiftung oder neuer Friede? Reinbek 1969 (rororo aktuell)

Guevara, Ernesto: Venceremos! Wir werden siegen, Frankfurt 1968 (Europäische Verlagsanstalt)

Bücher über Ernesto Che Guevara in deutscher Sprache

Castro, Fidel: Über Che Guevara, Berlin (West) 1967 (Voltaire Flugschriften Nr. 16)

Hetmann, Frederik: Ich habe sieben Leben – die Geschichte des Ernesto Guevara, genannt Che, Weinheim/Basel 1972 (Beltz Verlag)

Kurnitzky, Horst (Hrsg.): Ernesto Che Guevara, Berlin (West) 1968 (Verlag Peter von Maikowski)

Lárteguy, Jean: Guerillas oder der vierte Tod Che Guevaras, Gütersloh 1968

Lawretzki, Jose: Ernesto Che Guevara, Frankfurt 1975 (Verlag Marxistische Blätter)

May, Elmar: Che Guevara, Reinbek 1973 (rororo Biografien, Bd. 207)

Rojo, Ricardo: Che Guevara – Leben und Tod eines Freundes, Frankfurt 1968 (S. Fischer Verlag)

Sinclair, Andrew: Che Guevara, München 1970 (dtv Bd. 718)

Für eine erste Einführung eignen sich besonders die Biographien von Lawretzki und Hetmann.

FOTOS: PRENSA LATINA "LIFE" UND VOM AUTOR →